A Defensoria Pública
e a Tutela Jurisdicional
da Moralidade Administrativa

ERIK PALÁCIO BOSON

Defensor Público Federal e mestre em Direito do Estado pela Universidade de São Paulo (USP). Foi Procurador do Estado de São Paulo. É graduado em Direito (com aprofundamento em Direito do Estado) pela Universidade Federal da Bahia (UFBA), especialista em Direito do Estado pela mesma instituição.

A Defensoria Pública e a Tutela Jurisdicional da Moralidade Administrativa

2016

EDITORA *Jus*PODIVM

www.editorajuspodivm.com.br

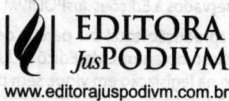

EDITORA
JusPODIVM
www.editorajuspodivm.com.br

Rua Mato Grosso, 175 – Pituba, CEP: 41830-151 – Salvador – Bahia
Tel: (71) 3363-8617 / Fax: (71) 3363-5050 • E-mail: fale@editorajuspodivm.com.br

Copyright: Edições JusPODIVM

Conselho Editorial: Dirley da Cunha Jr., Leonardo de Medeiros Garcia, Fredie Didier Jr., José Henrique Mouta, José Marcelo Vigliar, Marcos Ehrhardt Júnior, Nestor Távora, Robério Nunes Filho, Roberval Rocha Ferreira Filho, Rodolfo Pamplona Filho, Rodrigo Reis Mazzei e Rogério Sanches Cunha.

Todos os direitos desta edição reservados à Edições JusPODIVM.

É terminantemente proibida a reprodução total ou parcial desta obra, por qualquer meio ou processo, sem a expressa autorização do autor e da Edições JusPODIVM. A violação dos direitos autorais caracteriza crime descrito na legislação em vigor, sem prejuízo das sanções civis cabíveis.

"Many of the truths we cling to depend
greatly on our own point of view."
Muitas das verdades às quais nos apegamos dependem
em grande parte de nosso ponto de vista.

(Mestre Jedi Obi-Wan Kenobi).

James Kahn, Star Wars, Episódio VI:
O Retorno de Jedi, p. 420.

SUMÁRIO

APRESENTAÇÃO 9

PREFÁCIO 11

CAPÍTULO 1
INTRODUÇÃO 15

CAPÍTULO 2
A DEFENSORIA PÚBLICA 19
2.1. MODELOS DE ASSISTÊNCIA JURÍDICA 19
    2.1.1. Modelo *Pro bono* 20
    2.1.2. Modelo *Judicare* 21
2.2. SISTEMA JURÍDICO-POSITIVO 24
    2.2.1. Histórico constitucional da assistência judiciária/jurídica
    no Brasil 24
2.3. FUNÇÕES INSTITUCIONAIS TÍPICAS E ATÍPICAS 27
2.4. A DEFENSORIA PÚBLICA NA TUTELA DOS DIREITOS
TRANSINDIVIDUAIS 31
    2.4.1. Da atuação da Defensoria Pública como instrumento de defesa dos
    grupos sociais vulneráveis 32
    2.4.2. Honneth e a Defensoria Pública 34
        2.4.2.1. Honneth e o Direito como Padrão de Reconhecimento 34
        2.4.2.2 A Defensoria Pública como instituição articuladora do Direito
        como padrão do reconhecimento 38

CAPÍTULO 3
TUTELA JURISDICIONAL DA ADMINISTRAÇÃO PÚBLICA 41
3.1. CONTROLE JURISDICIONAL DA ADMINISTRAÇÃO PÚBLICA 41
    3.1.1 Terminologias 42
    3.1.2. Sistemas de Controle Jurisdicional 43
        3.1.2.1. Sistema Monista 43
        3.1.2.2. Sistema Dualista 45
        3.1.2.3 Sistemas Mistos 48
        3.1.2.4. O sistema brasileiro de controle jurisdicional 49

3.2. O CONTROLE JURISDICIONAL DA MORALIDADE
ADMINISTRATIVA 49

CAPÍTULO 4
A MORALIDADE ADMINISTRATIVA 53
4.1. MORALIDADE ADMINISTRATIVA ENQUANTO DIREITO
TRANSINDIVIDUAL 55
4.2. MORALIDADE ADMINISTRATIVA E LEGALIDADE 59
4.3. MORALIDADE SOCIAL E MORALIDADE ADMINISTRATIVA 61
4.4. MORALIDADE ADMINISTRATIVA E PROBIDADE
ADMINISTRATIVA 64
4.5. A MORALIDADE ADMINISTRATIVA E SEU PROCESSO CONTÍNUO
DE DELIMITAÇÃO CONCEITUAL 67

CAPÍTULO 5
DA LEGITIMIDADE DA DEFENSORIA PÚBLICA PARA A TUTELA
JURISDICIONAL DA MORALIDADE ADMINISTRATIVA 73
5.1 A TUTELA DA MORALIDADE ADMINISTRATIVA É ATRIBUIÇÃO
NATURAL E EXCLUSIVA DO MINISTÉRIO PÚBLICO? 74
5.2 A DEFENSORIA PÚBLICA PODE PROPOR A AÇÃO DE IMPROBIDADE
ADMINISTRATIVA? 85
    5.2.1. O precedente do Tribunal de Justiça do Rio Grande do Sul 96
5.3. A ATUAÇÃO DA DEFENSORIA PÚBLICA NA PROTEÇÃO DA
MORALIDADE ADMINISTRATIVA PREJUDICA A TUTELA DOS
HIPOSSUFICIENTES? 99

CAPÍTULO 6
CONCLUSÃO 109

REFERÊNCIAS 115

APRESENTAÇÃO

Este trabalho se propõe a estudar se a abrangência da legitimidade de atuação atribuída pela Constituição Federal à Defensoria Pública pode ser entendida de forma a albergar a possibilidade de defesa judicial da moralidade administrativa. A relevância deste estudo se revela na repercussão social da discussão. É dizer, considerando a corrupção como um dos maiores entraves ao desenvolvimento social, então a eficiência no controle da moralidade administrativa está diretamente ligada à eficiência na própria redução da desigualdade social, que, por sua vez, é o fundamento maior da atuação da Defensoria Pública. Seria lícito, nesta perspectiva, impedir o ajuizamento de Ação de Improbidade pela Defensoria? Enfrenta-se o questionamento à luz da perspectiva de que a instituição tem a responsabilidade de defesa dos direitos individuais e transindividuais dos necessitados, entendidos estes como qualquer sujeito em situação de vulnerabilidade (a despeito de sua particular condição econômica). Entendeu-se por bem dividir o estudo em quatro partes, cada uma das quais correspondendo a um dos conceitos-chaves delimitados pelo próprio título. Ou seja, primeiro se estuda a Defensoria Pública, logo após é feito um exame sobre o controle jurisdicional da Administração Pública; em terceiro lugar, é feita uma análise dos aspectos relevantes do conceito da moralidade administrativa, para, só então, em último lugar, adentrar especificamente a questão do problema efetivamente proposto. Nesta oportunidade, pretendeu-se enfrentar cada um dos argumentos costumeiramente levantados por aqueles que respondem negativamente à questão proposta. Considerados os pressupostos mencionados, concluiu-se pela legitimidade da Defensoria Pública para a tutela jurisdicional da moralidade administrativa. Destarte, caso seja constatado que a Ação de Improbidade é a melhor solução para o caso concreto, não existe razão jurídica que justifique a obstaculização desta via processual à Defensoria Pública.

PREFÁCIO

Daniel Oitaven Pamponet Miguel[1]

Conheci Erik Boson quando tínhamos dez anos de idade. Fomos colegas desde a quinta série do ensino fundamental até o encerramento de nosso curso de graduação em Direito na Universidade Federal da Bahia. Naqueles tempos de infância, rapidamente nos tornamos próximos, ao mesmo tempo que vivíamos entrando em conflito. Sempre estimulamos um ao outro intelectualmente de maneira incessante, o que permitia que iniciássemos um trabalho em grupo com ideias mirabolantes, deixássemos de nos falar durante dias por conta de divergências e, ao final de tudo, retomássemos um debate incessante madrugada adentro via telefone, em que meu interlocutor insistia, performativa ou expressamente, na tentativa de me vencer pelo cansaço, que "A insistência e a persistência superam a resistência". Se eu sempre reconheci a inteligência ímpar de Erik, os tempos de faculdade – em que nossos infindáveis debates, dados os anos de consolidação de nossa amizade e a natural maturação, já não mais tendiam a se encerrar em brigas – permitiram que eu me desse conta de algo que pode ser sintetizado em um enunciado geral revelador de elemento nuclear de seu brilhantismo: Erik é a maior inteligência prática, pragmática, aplicativa, sensata que conheço. Frequentemente, ao longo desses dezoito anos, quando me encontrei diante de algum problema prático quase-aporético, uma ou algumas ligações para Erik foram suficientes para que eu encontrasse uma resolução, muitas vezes vislumbrada por meu interlocutor como óbvia. Não foi à toa, portanto, que Erik, então procurador do Estado de São Paulo, ao decidir se submeter ao processo seletivo para o curso

---

[1]. Advogado graduado pela UFBa, Doutor em Ciências Sociais pela UFBa, Doutor em Direito pela UFBa, Mestre em Direito Público pela UFBA, especialista em Direitos Humanos, Teoria e Filosofia do Direito pela PUC-MG, especialista em Direito Tributário pela PUC-SP, professor de Hermenêutica/Filosofia do Direito/Argumentação da Faculdade Baiana de Direito, aprovado em primeiro lugar em concurso para professor adjunto de Teoria Política e Instituições Políticas da UFBa.

de mestrado em Direito da Universidade de São Paulo, apresentou um projeto de pesquisa dotado de patente justificativa social: o reconhecimento da legitimidade da Defensoria Pública para a defesa da moralidade administrativa.

Erik vincula, desde o pré-texto, direitos e necessidades, de acordo com a mais legítima tradição da Jurisprudência Pragmática de Jhering e da Jurisprudência dos Interesses de Heck. Seu instrumental teórico, porém, é contemporâneo e sociologicamente mais sofisticado, com uma pertinente visita a Honneth, em cuja obra a luta por interesses da mencionada tradição dá lugar à luta por reconhecimento das vítimas da dinâmica social do desrespeito. Se Honneth, no contexto de seu debate com Nancy Fraser sobre a relação entre redistribuição e reconhecimento, explicou que não reduz a categoria teórica "reconhecimento" às expressões culturais, mas, sim, abrange pretensões emancipatórias de qualquer tipo, inclusive diante dos desrespeitos e injustiças na forma de desigualdade material; o caráter moral da gramática dos conflitos sociais envolve as principais consequências socioeconômicas dos atos de improbidade administrativa, quais sejam, a falta de efetividade dos direitos fundamentais sociais e a correlata injustiça distributiva, qualificada por Erik como principal inimiga da Defensoria Pública. Erik assume um padrão de justiça como necessidade, o qual demanda do Estado uma postura de eficiência na distribuição de recursos. Vista por um prisma institucional, a satisfação das necessidades econômicas é prejudicialmente precedida pela satisfação das necessidades organizacionais, as quais já constituem, em si mesmas, um objeto da proteção defensorial aos direitos transindividuais. Ora, a vulnerabilidade do grupo social composto por sujeitos que precisam da assistência da Defensoria Pública pela falta de efetivação dos direitos fundamentais se inicia na própria falta de meios institucionais para a postulação desses direitos. É nesse ponto que a justificativa social do trabalho se manifesta de forma mais incisiva: a Defensoria Pública, como estrutura potencialmente articuladora do Direito como padrão do reconhecimento no entorno político e cultural dos grupos sociais vulneráveis, não tem como dar vazão a todo esse impulso latente caso não seja legitimada para tutelar a moralidade administrativa mediante provocação ao Judiciário.

Se há algo de Jurisprudência Pragmática e Jurisprudência dos Interesses no trabalho de Erik, o que torna manifesta a justificativa social dessa dissertação, tal heterorreferência não deixa de lado a dimensão autorreferencial que lhe é complementar. Ora, a Dogmática Jurídica, como instância de auto-observação do direito, produz conceitos que permitem a tal sistema funcionalmente diferenciado organizar devidamente as suas operações. Para tanto, precisa oferecer um cabedal coerente, como já se pretendia desde a (excessiva, diga-se a verdade) Jurisprudência dos Conceitos novecentista. Preocupação tal não passou longe do trabalho ora prefaciado, dado o rigor teórico com o que o autor distinguiu as noções de moralidade, legalidade, moralidade social e probidade administrativa, tarefa que já seria suficiente para justificar teoricamente a pesquisa realizada. Contudo, Erik foi mais longe ao, com percepção típica de um Savigny sobre o jogo concertado entre os institutos jurídicos na configuração do direito como uma unidade orgânica, notar que uma pauta externa orientadora da determinação do sentido da moralidade administrativa pressupõe a relação entre tal categoria teórica e as três outras das quais foi distinguida, em típica manifestação do círculo hermenêutico parte-todo, no que ecoa Larenz. Erik, ainda com esta versão da Jurisprudência dos Valores e com seu correlato pensamento tipológico, assume uma opção pelo pensamento problemático e pelo papel da formação de grupos de casos para caracterizar a moralidade administrativa (mormente com sua formulação textual exemplificativa na Lei de Improbidade Administrativa) e seus "institutos vizinhos" não propriamente como conceitos lógico-jurídicos, mas, sim, como pautas carecidas de preenchimento. Trata-se, pois, de nova manifestação hermenêutico-circular, agora voltada para a substituição do modelo subsuntivo clássico pela convergência entre enunciados fáticos e enunciados jurídicos. Como se não bastasse, nosso autor manifesta também uma profunda compreensão da historicamente situada interação produtiva entre tribunais e Dogmática Jurídica no processo de determinação do sentido textual das mencionadas pautas, nada devendo às intuições de um Esser ou à vinculação da atividade doutrinária a uma pretensão de equilíbrio reflexivo por um Peczenik.

A menção a um teórico dialógico da argumentação não é casual, mas, sim, efeito quase-subconsciente da disposição dialógica de Erik para "adotar a tática de enfrentar, um a um, cada um dos argumentos costumeiramente levantados para responder negativamente à questão proposta". Submete, pois, a sua hipótese de trabalho a um verdadeiro teste argumentativo, com a abertura heterorreflexiva necessária para, de maneira hercúlea, deixar os seus interlocutores falarem através de seu próprio escrito.

Em uma metalinguagem sobre a eficiência, Erik argumenta que a atuação da Defensoria Pública, ela própria um órgão do Estado, caso restringida quanto à legitimidade para a propositura de ação de improbidade, perderia em eficiência. Os paradoxos da burocracia que operacionaliza o acoplamento estrutural constitucionalmente viabilizado entre o sistema jurídico e o sistema político fazem-se, então, explícitos: autofagicamente, o Estado, que programou o autocontrole de sua faceta administrativa (em sentido lato, funcional) mediante a constituição de braços próprios para tanto, optaria, indo de encontro à racionalidade instrumental que lhe é típica, pela utilização de apenas um desses braços? Em ponto decisivo de sua argumentação, Erik considera cuidadosamente a tese do "cobertor curto", segundo a qual reconhecer a legitimidade da Defensoria Pública para proteger a moralidade administrativa implicaria uma sobrecarga de seus já escassos recursos de pessoal e de estrutura, de maneira a inviabilizar o cumprimento de sua tarefa de garantia do acesso à justiça. Essa disposição para ouvir as razões alheias foi fundamental para que o autor, tal qual Dworkin, pudesse rejeitar com fundamentação precisa o juízo consequencialista em sentido macro, politicamente criador de normas "ad hoc", que está no cerne do argumento do "cobertor curto". Ora, nas palavras de Erik, "o problema do 'cobertor curto' é um problema de gestão e não um problema jurídico afeto à área da legitimidade. A resposta à questão estrutural passa antes pela otimização de eficiência dos recursos disponíveis do que por qualquer tipo de restrição da área jurídica de atuação". Não se pode, pois, criar uma restrição à legitimidade da Defensoria Pública com o argumento de que a existência de uma lacuna textual a respeito da matéria habilitaria o intérprete a colmatar esse espaço vazio discricionariamente, como um "engenheiro sócio-institucional". Se a Defensoria Pública precisaria de membros hercúleos para dar conta de sua função de tutela da moralidade administrativa, temos em Erik o espírito prático insistente e persistente típico de um Hércules.

CAPÍTULO 1
INTRODUÇÃO

Este trabalho é fruto de pesquisa realizada para a obtenção do título de Mestre em Direito pela Universidade de São Paulo, na área de concentração Direito do Estado, sob a orientação da Profa. Dra. Anna Candida da Cunha Ferraz.

A pesquisa se propôs a estudar se a abrangência da legitimidade de atuação atribuída pela Constituição Federal à Defensoria Pública pode ser entendida de forma a albergar a possibilidade de defesa judicial da moralidade administrativa.

A relevância deste estudo se revela na repercussão social da discussão. É dizer, considerando a corrupção como um dos maiores entraves ao desenvolvimento social, então a eficiência no controle da moralidade administrativa está diretamente ligada à eficiência na própria redução da desigualdade social que, por sua vez, é o fundamento maior da atuação da Defensoria Pública.

Não há como vislumbrar um Estado eficiente na concretização dos direitos fundamentais se desvirtuado dos nortes delineados pelos parâmetros da moralidade administrativa. Assim, o problema proposto pode ganhar ainda mais peso quando se verifica que a proteção do direito dos necessitados, em determinado caso concreto, seria mais bem efetivada pela Defensoria mediante a veiculação da pretensão por meio da Ação de Improbidade.

Seria lícito, em casos deste jaez, impedir o ajuizamento de Ação de Improbidade pela Defensoria e, restringindo sua legitimidade de agir, forçá-la à inércia ou mesmo a um modo de atuação previamente tido como menos eficiente?

A Defensoria Pública é a instituição estatal responsável pela defesa dos direitos dos necessitados, de maneira que a restrição à possibilidade de atuação da instituição é, em última análise, uma restrição à possibilidade de proteção dos vulneráveis. Desse modo, seria razoável restringir a atribuição da Defensoria Pública na defesa dos necessitados, impedindo a sua atuação justamente quando o direito a ser tutelado é o da moralidade administrativa?

Para uma melhor investigação acerca da problemática atinente à "legitimidade da Defensoria Pública para a tutela jurisdicional da moralidade administrativa", entendeu-se por bem dividir o estudo em quatro partes, cada uma das quais correspondendo aos conceitos-chave delimitados pelo próprio título. Ou seja, primeiro se estuda a Defensoria Pública; logo após é feito um exame sobre o controle jurisdicional da Administração Pública; em terceiro lugar, é feita uma análise dos aspectos relevantes do conceito da moralidade administrativa, para só então, em último lugar, adentrar-se especificamente a questão do problema efetivamente proposto.

Na primeira parte do trabalho, é feito um esforço para demonstrar o traçado constitucional da Defensoria Pública, o que se faz pela explicação do modelo de assistência jurídica adotado no Brasil e pelo histórico da assistência judiciária e jurídica nas constituições brasileiras.

Este também é o momento do texto no qual se situa a Defensoria enquanto instituição responsável pela tutela dos direitos transindividuais e pela defesa dos grupos sociais vulneráveis, bem como se estabelece que a atuação da instituição não se limita à proteção do necessitado em sentido econômico, caracterizando-a, assim, como estrutura potencialmente articuladora do Direito como padrão do reconhecimento (conforme Honneth).

A próxima parte do trabalho é dedicada ao estudo do controle jurisdicional da administração pública. Nesse tópico, opta-se por um esclarecimento acerca das terminologias, sistemas e nomenclaturas atinentes à teoria que envolve o controle da administração para, ato contínuo, fixar o que se entende por controle jurisdicional da moralidade administrativa.

A terceira parte foi reservada para fixar os contornos do que se entende por moralidade administrativa para a finalidade deste texto. Visando a este objetivo, entendeu-se por bem fixar a moralidade enquanto direito transindividual, estabelecer os traços distintivos dela em relação à legalidade, à moralidade social e à probidade administrativa, para, somente então, ilustrar como se desenvolve o processo contínuo de preenchimento valorativo que sua compreensão conceitual (conforme Karl Larenz).

Por último, adentrou-se o problema efetivamente dito. Para enfrentar a questão proposta, entendeu-se que seria mais proveitoso adotar a tática de enfrentar, um a um, cada um dos argumentos costumeiramente levantados para responder negativamente à questão proposta.

Dessa maneira, primeiramente foi enfrentada a questão afeta à suposta atribuição inata e exclusiva do Ministério Público para a tutela da moralidade administrativa. Logo após, enfrentou-se especificamente a questão atinente à possibilidade de propositura de Ação de Improbidade Administrativa pela Defensoria. Em terceiro e último lugar, confrontou-se a argumentação de que a "intromissão" da Defensoria na seara da moralidade administrativa de certa forma "roubaria tempo" da atuação da instituição na efetivação de sua finalidade precípua de garantir aos necessitados o acesso à justiça.

CAPÍTULO 2
A DEFENSORIA PÚBLICA

A Defensoria Pública é a instituição que se apresenta como a consolidação do modelo de assistência jurídica adotado pelo Brasil. A ela o constituinte deixou incumbida a tarefa de zelar, integral e gratuitamente, pela orientação jurídica, pela promoção dos direitos humanos e pela defesa, em todos os graus, judicial e extrajudicial, dos direitos individuais e coletivos dos necessitados.

A esse respeito importa registrar que a Defensoria Pública deve ser associada à ideia da "assistência jurídica" e não de "assistência judiciária", uma vez que não existe identidade conceitual entre as expressões citadas. Vale dizer, "assistência" é vocábulo que está associado à ideia de ajuda/amparo, de maneira que, quando associada ao adjetivo "judiciária" faz referência ao auxílio prestado em processo judicial. "Assistência jurídica", por outro lado, é expressão mais abrangente que, englobando o significado daquela primeira, traduz toda forma de auxílio jurídico, judicial ou extrajudicial.

Dito de outra forma, "assistência jurídica" é "[...] *o todo, pois diz respeito às esferas judicial e extrajudicial; a assistência judiciária é uma parte, porque se refere apenas ao campo judicial*"[2].

A Defensoria Pública foi a opção brasileira, mas, em verdade, são diversos os modelos de assistência jurídica possíveis de serem adotados pelos ordenamentos jurídicos de cada país.

2.1. MODELOS DE ASSISTÊNCIA JURÍDICA

Mencionam-se, na doutrina, principalmente três modelos de assistência jurídica: *pro bono, judicare* e *salaried staff*.

---

2. LIMA, Frederico Rodrigues Viana de. **Defensoria** pública. Salvador: Juspodivm, 2011. p. 58.

2.1.1. Modelo *Pro bono*

O modelo denominado *pro bono* é certamente o mais antigo e tem por característica básica a ausência de participação estatal.

O que distingue a estrutura do *pro bono* dos demais modelos é que ele é fundado na atuação de advogados particulares que prestariam serviços gratuitamente, segundo seus próprios critérios de necessidade de atuar. A atuação, nestes casos, estaria marcada então pelo aspecto da voluntariedade, pautada pela vontade de caridade, sentimentos de fraternidade ou pelo apelo sentimental.

Não existe, nesse modelo, nenhum regramento ou estrutura governamental que afete a prestação da assistência jurídica gratuita. Aliás, a exclusividade de critérios endógenos para atuação dos causídicos nesta estrutura só explicita que, neste modelo, a assistência sequer é considerada exatamente como um direito do economicamente necessitado. Tratar-se-ia de mero favor ou altruísmo, condicionado à caridade alheia.

> Os serviços de assistência judiciária eram prestados sob o impulso de preceitos de cunho moral, como expressão de um sentimento de caridade ou de solidariedade, sem qualquer participação financeira do Estado.[3]

É fácil concluir que o modelo *pro bono* é insuficiente à necessidade de assistência jurídica gratuita como meio para acesso efetivo de direitos. Isso porque a inexistência de contraprestação pecuniária, para além de desestimular os advogados a patrocinar as causas, relega aos economicamente hipossuficientes o ônus de ter que contar com a caridade alheia para fazer valer os seus direitos.

Este modelo não é o adotado pela Constituição Federal de 1988, mas isso não significa dizer que está vedada a advocacia *pro bono* no Brasil. Em verdade, a adoção constitucional de outro modelo estrutural apenas esclarece que a assistência jurídica passou a ser encarada como um direito em si, não trazendo qualquer impedimento à atuação dos advogados particulares que desejarem prestar serviços, sem a respectiva contrapartida financeira.

---

3. ALVES, Cleber Francisco. **Justiça para todos! Assistência jurídica gratuita nos Estados Unidos, na França e no Brasil.** Rio de Janeiro: Lumen Juris, 2006. p. 46.

Aliás, o instrumento processual da gratuidade de justiça (ainda hoje existente), na medida em que restringe os custos do processo àqueles inevitáveis (deslocamento, cópias, autenticações, entre outros), eliminando os custos judiciais (custas e taxas judiciais), é certamente uma ferramenta com força expressiva que facilita sobremaneira a continuidade da coexistência do modelo *pro bono*.

2.1.2. Modelo *Judicare*

O segundo modelo estrutural para assistência jurídica é o *judicare*, que se distingue do modelo anterior principalmente pela participação estatal.

Este modelo tem o avanço principal de passar a reconhecer a assistência jurídica como um direito em si. A partir desse novo paradigma, o Estado passa a custear a assistência jurídica, bastando para tanto o cidadão se adequar aos critérios estabelecidos na legislação.

Na estrutura deste modelo, o advogado passa a ser remunerado pelo Estado, existindo a hipótese de que o cidadão necessitado pode escolher quem o representará dentre aqueles previamente inscritos numa lista ou ainda a de que teria que se submeter à nomeação *ad hoc* de advogado pelo Poder Judiciário.

Trata-se de modelo com consideráveis e importantes mudanças em relação ao anterior, mas que ainda guarda sério entrave à qualidade, mormente no que se refere à preponderância da prestação da assistência judiciária em detrimento da assistência jurídica em sentido amplo. Fala-se, ainda, em ausência de controle de qualidade do serviço prestado, bem assim, na ausência de especialização dos profissionais.

É como registrou Holden da Silva:

> Não há especialização e visão do todo; a remuneração dos advogados tende a ser baixa, pois as tabelas normalmente são fixadas pelo Estado; não há efetivo acesso aos Tribunais Superiores, à opinião consultiva e às instâncias extrajudiciais e administrativas, ou seja, a assistência não é integral; o controle de qualidade do serviço prestado é inexistente ou dificultosa, sem parâmetros; os gastos tendem a ser maiores.[4]

---

4. SILVA, Holden Macedo da. **Princípios institucionais da defensoria pública**. Brasília, DF: Fortium, 2007. p. 12-13.

Embora esse modelo não tenha sido o escolhido pela Constituição de 1988, ele ainda coexiste no sistema jurídico brasileiro, principalmente pela nomeação de dativos, em localidades onde a Defensoria Pública ainda não foi devidamente instalada.

2.1.3. Modelo *Salaried staff*

O terceiro sistema é o s*alaried staff* e se aproxima do modelo anterior na medida em que se caracteriza tanto pela participação estatal, quanto pelo reconhecimento da assistência jurídica gratuita como um direito.

A diferença substancial deste sistema em relação aos anteriores é a existência de agentes patrocinados pelo Estado e especificamente destinados à prestação de assistência jurídica aos pobres.

Aliás, é a existência de pessoas dedicadas especificamente à assistência jurídica dos pobres o elemento fulcral de distinção, pois eleva o serviço prestado por este modelo a um novo patamar no qual se adota uma ideia inovadora: a de que a assistência jurídica gratuita poderia ser pautada em atitudes pró-ativas, no sentido de tentar conscientizar as pessoas pobres sobre seus novos direitos, abandonando a ideia anterior, segundo a qual os advogados simplesmente tinham sua ação condicionada à provocação do particular.

É como registraram Mauro Cappelletti e Bryant Garth:

> Contrariamente aos sistemas *judicare* existentes, no entanto, esse sistema tende a ser caracterizado por grandes esforços no sentido de fazer as pessoas pobres conscientes de seus novos direitos e desejosas de utilizar advogados para ajudar a obtê-los.
>
> [...]
>
> Finalmente, e talvez o mais importante, os advogados tentavam ampliar os direitos dos pobres, enquanto classe, através de casos-teste, do exercício de atividades de *lobby*, e de outras atividades tendentes a obter reformas na legislação, em benefício dos pobres, dentro de um enfoque de classe. Na verdade, os advogados frequentemente auxiliavam os pobres a reivindicar seus direitos, de maneira mais eficiente, tanto dentro quanto fora dos tribunais.
>
> [...]

Em suma, além de apenas encaminhar as demandas individuais dos pobres que são trazidas aos advogados, tal como no sistema *judicare*, esse modelo norte-americano: 1) vai em direção aos pobres para auxiliá-los a reivindicar seus direitos e 2) cria uma categoria de advogados eficientes para atuar pelos pobres, enquanto classe.[5]

Uma crítica que se faz a este modelo é em relação a um suposto excesso de paternalismo, na medida em que destacaria parte da máquina estatal para o fim de tratar de pobres, presumindo que estes não seriam capazes de tutelar a si mesmos.

A despeito da opinião que se tenha a essa crítica, o fato é que a vantagem desse modelo é evidente, uma vez que cria uma categoria de pessoas especializadas na efetivação do acesso à justiça. Essa nova categoria de pessoas é capaz de tratar o problema da assistência jurídica aos necessitados de forma especializada, planejada e consciente, tendo notadamente uma chance de êxito muito maior na efetivação real do acesso à justiça.

Por último, vale registrar que o *salaried staff model* comporta divisão em duas submodalidades. A primeira consiste no financiamento estatal de organismos não estatais para a prestação da assistência jurídica gratuita; a segunda, é a criação de um serviço público estatal especificamente destinado à prestação de assistência jurídica gratuita. Tais entes estatais são comumente denominados de Defensorias Públicas.

O modelo estrutural adotado no Brasil pela Constituição Federal de 1988 foi, assim, o *salaried staff*, na sua segunda submodalidade, sendo a Defensoria Pública a concretização dessa escolha.

A eleição do modelo das Defensorias Públicas pela Constituição Cidadã de 1988 não foi por acaso. É fato notório que o Brasil é país em posição negativa de destaque internacional quando o assunto é desigualdade social, sendo de se notar que essa referida desigualdade sempre se refletiu na consolidação dos direitos. É dizer, a previsão meramente normativa de direitos, no Brasil, nunca garantiu o efetivo acesso a esses direitos às camadas menos favorecidas da população.

---

5. CAPPELLETTI, Mauro; GARTH, Bryant. **Acesso à justiça**. Tradução de Ellen Gracie Northfleet. Porto Alegre: Fabris, 1988. p. 40-41.

Assim, a opção pelo *salaried staff model* no Brasil transparece como uma escolha consciente por constituir modelo mais adequado à realidade nacional, na medida em que cria uma categoria de servidores públicos especializados para atuar, na defesa dos vulneráveis enquanto classe, de forma eficiente e planejada.

2.2. SISTEMA JURÍDICO-POSITIVO

2.2.1. Histórico constitucional da assistência judiciária/jurídica no Brasil

A Defensoria Pública é instituição expressamente consagrada no texto da Constituição Cidadã de 1988, que a constitui como órgão permanente, essencial à função jurisdicional do Estado, incumbindo-lhe, como expressão e instrumento do regime democrático, fundamentalmente, a orientação jurídica, a promoção dos direitos humanos e a defesa, em todos os graus, judicial e extrajudicial, dos direitos individuais e coletivos, de forma integral e gratuita, aos necessitados.

Essa garantia ampla e irrestrita à assistência jurídica gratuita nem sempre existiu, nestes termos, em nossa história constitucional. Em verdade, malgrado a existência de textos normativos infraconstitucionais, a primeira previsão constitucional referente ao tema se deu apenas na Constituição Federal de 1934, que determinou a criação de "órgãos especiais", pelos Estados e pela União, para a prestação do serviço de "assistência judiciária":

> Art. 113. 32) A União e os Estados concederão aos necessitados assistência judiciária, criando, para esse efeito, órgãos especiais assegurando, a isenção de emolumentos, custas, taxas e selos.

Sobre essa previsão interessa registrar que o benefício supostamente estaria restrito à "assistência judiciária" que, como já registrado anteriormente, não se confundiria com a "assistência jurídica".[6] De todo

---

6. Nesse ponto, é importante atentar para a historicidade da previsão: malgrado a utilização do termo "assistência judiciária" de fato denote certa referência à assistência perante o Poder Judiciário, a opção pelo aludido termo em detrimento da "assistência jurídica" no texto constitucional de 1934 certamente se deve muito mais à época da redação constitucional do que de fato a uma deliberada opção do

modo, o importante é registrar que a opção pelo *salaried staff model* resta evidente desde a Constituição de 1934, uma vez que é clara a determinação constitucional de criação, pelo poder público, de órgãos especialmente destinados à prestação desse serviço.

Referida previsão, todavia, somente teve validade até 1937, quando foi outorgada a Constituição que deu origem ao período ditatorial de Getúlio Vargas. Interessante observar que o novo texto constitucional não cuidou de assistência jurídica ou judiciária em seu texto, certamente em razão do momento político não democrático em que se vivia.

Findo o Estado Novo, sobreveio a Constituição de 1946 que, em retorno aos ares democráticos, restabeleceu a assistência judiciária enquanto direito constitucional do cidadão. Observa-se, todavia, que, malgrado tenha sido fincada a assistência enquanto obrigação do poder público, o texto constitucional de 1946, diferentemente da previsão de 1934, foi omisso quanto à criação de órgãos públicos especialmente destinados a este fim:

> Art.141. § 35 - O Poder Público, na forma que a lei estabelecer, concederá assistência judiciária aos necessitados.

Trata-se evidentemente de afastamento do modelo *pro bono*, uma vez que a Constituição determinou expressamente que a assistência judiciária era um ônus do poder público. Quanto à forma de prestação pelo poder público, contudo, o texto constitucional de 1946 não fez opção expressa, relegando essa escolha à norma infraconstitucional.

Por certo que esta omissão não representa uma escolha expressa quanto ao modelo *judicare* (o que, portanto, não impediria a adoção do *salaried staff model*), mas o fato é que a previsão do texto constitucional de 1946 restou densificada na Lei 1.060/50 (até hoje parcialmente vigente), que não previu a criação de órgãos públicos especialmente destinados à prestação da assistência judiciária:

---

legislador constituinte. Isso porque a referida distinção terminológica foi surgindo ao longo do desenvolvimento do estudo do acesso à justiça (que tomou força a partir da segunda metade do século XX), não sendo possível afirmar que se tratou de fato de opção do constituinte. Ademais, os tecnicismos de nomenclatura costumam ser alheios aos textos constitucionais, uma vez que, como carta de natureza também política, nem sempre são redigidos por juristas.

Apesar do silêncio da Constituição Federal outorgada durante o Estado Novo de 1937, a Constituição Federal de 1946 repetiu no art. 141, § 35, inserido no Capítulo II (Dos Direitos e das Garantias Individuais), o modelo democrático e social de 1934, reiterando o dever de o Poder Público conceder a assistência judiciária aos necessitados, deferindo o benefício da justiça gratuita, sem, no entanto, mencionar a necessidade de criação de órgãos especiais.[7]

A Constituição de 1967 veio a substituir o texto constitucional anterior, mas por trazer previsão demasiadamente lacônica não inovou no tratamento constitucional da assistência judiciária. Ao revés, o dispositivo constitucional de 1967 era tão genérico que, dizendo ainda menos que o texto anterior, acabou mantendo a situação tal qual estava à época.

> Art.150 § 32 - Será concedida assistência Judiciária aos necessitados, na forma da lei.

O texto constitucional de 1967, em si representando o contexto político ditatorial da época, sequer garantiu a responsabilidade do Estado pela assistência judiciária, restringindo-se a garantir que a assistência judiciária seria prestada "nos termos da lei". Não cuidou, assim, sequer de apontar quem seria o responsável por esta atribuição: se o poder público ou algum particular.

De qualquer forma, importa registrar que também não foi acolhido expressamente o modelo *pro bono*, de maneira que a omissão constitucional garantiu a continuidade do mesmo sistema adotado no regime constitucional anterior, no qual era o Estado o responsável por garantir a assistência judiciária.

Por último (e até então), sobreveio a Constituição Federal de 1988 na qual restou textualmente refletido todo o sentimento de democratização que orientou a sua promulgação. A chamada Constituição Cidadã não recebeu esta alcunha por acaso. A preocupação do poder constituinte para com os direitos e garantias culminou com a previsão mais robusta até então presente nos nossos textos constitucionais, no que tange ao acesso à justiça pelos economicamente hipossuficientes:

---

7. BORGE, Felipe Dezorzi. Defensoria pública: uma breve história. **Jus Navigandi**, Teresina, v. 15, n. 2480, 16 abr. 2010. Disponível em: <http://jus.com.br/artigos/14699>. Acesso em: 9 set. 2014.

LXXIV - o Estado prestará assistência jurídica integral e gratuita aos que comprovarem insuficiência de recursos;

Primeiramente, não deve passar despercebido que, contrariando todo o nosso histórico constitucional, o constituinte de 1988 optou pela substituição do termo "assistência judiciária" por "assistência jurídica". É seguro dizer que referida mudança revela, na medida em que contraria todas as previsões constitucionais anteriores, uma opção clara e deliberada pelo modelo da "assistência jurídica" quando compreendida pelo todo, englobando as esferas judicial e extrajudicial. Mais ainda, quando se apercebe que o texto constitucional ainda fez constar a determinação de que o serviço fosse prestado de forma integral.

É de se perceber também a preocupação em situar o Estado enquanto ente responsável por assegurar o direito de acesso à justiça pelos economicamente hipossuficientes e de forma gratuita. Essa previsão, quando aliada com aquela constante do art. 134[8], torna evidente a escolha do *salaried staff model* para a defesa da pessoa economicamente necessitada, mas não somente desta, conforme se explanará nos tópicos seguintes.

2.3. FUNÇÕES INSTITUCIONAIS TÍPICAS E ATÍPICAS

Por certo que a defesa dos economicamente vulneráveis é atribuição inconteste da Defensoria Pública. A mera interpretação literal dos art. 134 e 5º, LXXIV, da Constituição Federal, não deixa margem a dúvidas a esse respeito. Trata-se da chamada função típica.

As funções típicas da Defensoria Pública estão, portanto, atreladas à ideia da proteção jurídica dos pobres, o que, no contexto das soluções práticas para o problema do acesso à justiça, representa apenas a "primeira onda" renovatória dentre as três anunciadas por Mauro Cappelletti e Bryant Garth.

---

8. Art. 134. A Defensoria Pública é instituição permanente, essencial à função jurisdicional do Estado, incumbindo-lhe, como expressão e instrumento do regime democrático, fundamentalmente, a orientação jurídica, a promoção dos direitos humanos e a defesa, em todos os graus, judicial e extrajudicial, dos direitos individuais e coletivos, de forma integral e gratuita, aos necessitados, na forma do inciso LXXIV do art. 5º desta Constituição Federal.

Nesse ponto, importa esclarecer que, para os autores mencionados, o interesse em torno do acesso à justiça levou, nos países do mundo ocidental, a três posições básicas que emergiram mais ou menos em sequência cronológica. Grosso modo, a primeira "onda" consiste na Assistência Jurídica aos Pobres; a segunda "onda" diz respeito às reformas tendentes a proporcionar a representação jurídica dos direitos difusos, enquanto que a terceira "onda", denominada de "enfoque de acesso à justiça", inclui os posicionamentos anteriores, mas vai além deles ao instituir uma tentativa de atacar as barreiras ao acesso de modo mais articulado e compreensivo.

Postas tais premissas, importa registrar que as funções típicas da Defensoria Pública de proteção jurídica do economicamente vulnerável representam apenas a primeira "onda":

> Os primeiros esforços importantes para incrementar o acesso à justiça nos países ocidentais concentravam-se, muito adequadamente, em proporcionar serviços jurídicos para os pobres. Na maior parte das modernas sociedades, o auxílio de um advogado é essencial, senão indispensável para decifrar leis cada vez mais complexas e procedimentos misteriosos, necessários para ajuizar uma causa. Os métodos para proporcionar a assistência judiciária àqueles que não a podem custear são, por isso mesmo, vitais.[9]

São, portanto, funções típicas da Defensoria Pública todas aquelas atinentes à assistência jurídica do economicamente hipossuficiente, sendo de relevo, contudo, perquirir sobre o efetivo papel da instituição dentro das demais ondas renovatórias referidas acima.

Dito de outro modo, a questão a ser apresentada é se a atuação da Defensoria deve se restringir a sua função típica ou se, ao revés, poderiam ser-lhe atribuídas funções outras (atípicas, portanto) para além daquelas que envolvem exclusivamente os economicamente necessitados. É que a leitura apressada do art. 5º, LXXIV, da Constituição Federal, pode levar o intérprete descuidado a uma hermenêutica superficial que, alheia aos cânones da Unidade e Máxima Efetividade Constitucional, acabe por concluir por uma interpretação restritiva.

---

9. CAPPELLETTI; GARTH, op. cit., p. 31-32.

Essa não deve ser a solução correta, contudo. A questão já foi respondida pelo Supremo Tribunal Federal que, em sede de controle concentrado de constitucionalidade, determinou expressamente a possibilidade de que a atuação da Defensoria Pública não tem limite nas funções típicas, podendo haver outras previsões legais, desde que se vislumbre interesse social que justifique esse subsídio estatal:

> A Constituição Federal impõe, sim, que os Estados prestem assistência judiciária aos necessitados. Daí decorre a atribuição mínima compulsória da Defensoria Pública. Não, porém, o impedimento a que os seus serviços se estendam ao patrocínio de outras iniciativas processuais em que se vislumbre interesse social que justifique esse subsídio estatal.[10]

Aliás, a amplitude da atuação da Defensoria Pública para além dos economicamente necessitados não é novidade no nosso ordenamento jurídico. Ao revés, diversas são as hipóteses legalmente previstas em que os defensores atuam a despeito da condição econômica do sujeito ou grupo defendido.

São exemplos claros (e não exaustivos) dessas circunstâncias a defesa de réu que não constituiu advogado em processo criminal e o exercício da função de curadoria no processo civil.

A primeira hipótese encontra lugar no processo criminal sempre que o acusado não constituir advogado. Em casos deste jaez, a atuação do defensor público encontra fundamento na indisponibilidade do direito à defesa técnica, de maneira que a atuação defensorial ocorrerá independentemente da condição econômica do réu; é bastante o simples fato de inexistir advogado indicado pelo réu para exercer sua defesa técnica, independente de tal ausência ser decorrente de falta de condições econômicas para arcar com os honorários advocatícios, de mera inércia, de omissão voluntária ou de puro desleixo. A despeito da sua condição econômica, o réu criminal será assistido por defensor público sempre que não constituir advogado particular, pois, com o advento da

---

10. BRASIL. Supremo Tribunal Federal. Ação direta de inconstitucionalidade nº. 558/RJ. Relator: Min. Sepúlveda Pertence. Tribunal Pleno. Brasília, DF, 16 ago. 1991. **Diário da Justiça**, Brasília, DF, v. 1697-2, 26 mar. 1993. Disponível em: <http://redir.stf.jus.br/paginadorpub/paginador.jsp?docTP=AC&docID=346463>. Acesso em: 5 ago. 2014.

Constituição Federal de 1988 "[...] *surge, assim, mais uma faceta da assistência judiciária, assistência aos necessitados, não no sentido econômico, mas no sentido de que o Estado lhes deve as garantias do contraditório e da ampla defesa*"[11].

A segunda hipótese decorre de previsão legislativa na qual se prestigia a regular tramitação processual no processo civil. Esta atuação atípica encontra fundamento na previsão da Lei Orgânica da Defensoria Pública (art. 4º, XVI), cumulada com o código de processo civil (art. 9º, I e II), e ocorre para assegurar o direito à defesa.

Ou seja, sempre que o réu for citado por meio que não permita concluir de forma convicta que ficou de fato ciente da demanda que contra ele foi movida (casos de citação por hora certa ou edital), para o fim de assegurar que a continuidade da tramitação processual não ocasionará flagrantes injustiças decorrentes da ausência de defesa, o legislador entendeu conveniente assegurar que, nesses casos, haveria a apresentação de defesa técnica pela Defensoria Pública. Esse exemplo costuma ocorrer frequentemente em casos de execuções fiscais contra pessoas jurídicas, quando não é possível realizar a citação real dos responsáveis. Nessa hipótese, a fim de possibilitar a regular tramitação do processo e a posterior realização efetiva do direito (fase executiva), haverá a atuação de defensor público independente da condição econômica do assistido.

Da mesma forma, quando o réu for incapaz e não tiver representante legal, ou se os interesses deste colidirem com os daquele, haverá a atuação de defensor público. Essa previsão costuma se realizar com bastante frequência, por exemplo, em ações previdenciárias de pensão por morte quando a mãe-viúva ajuíza demanda contra o INSS e contra o próprio filho (por se tratar de litisconsórcio passivo necessário), no intuito de dividir com ele a pensão por morte. Nessas hipóteses, também não se perquire acerca da situação econômica do incapaz, sendo bastante para a atuação da Defensoria Pública a simples colisão de interesses existente entre o incapaz e sua representante.

---

11. GRINOVER, Ada Pellegrini. **Novas tendências do direito processual.** Rio de Janeiro: Forense Universitária, 1990, p. 246

Ora, como se vê, desde há muito que a atuação da Defensoria Pública no Brasil não se encontra adstrita à proteção jurídica dos economicamente hipossuficientes, sendo seguro afirmar que a escolha pela legitimidade institucional do órgão defensorial em atuar na defesa de outros direitos (a moralidade administrativa inclusive) se dá muito mais em razão de uma interpretação/opção política do que, de fato, por algum tipo de restrição jurídica ou administrativa.

2.4. A DEFENSORIA PÚBLICA NA TUTELA DOS DIREITOS TRANSINDIVIDUAIS

A Constituição brasileira de 1988 fez uma opção clara quanto ao modelo de assistência jurídica. À Defensoria Pública, enquanto instituição essencial à função jurisdicional do Estado, foi expressamente incumbida a tarefa de orientação jurídica e defesa, em todos os graus, dos necessitados.

A escolha constitucional outorgou à referida instituição não apenas a atribuição de defesa dos juridicamente necessitados, em uma acepção individual, mas a própria responsabilidade (no sentido de um poder--dever) da tutela de seus direitos transindividualmente considerados enquanto grupos sociais.

Assim, por expressa determinação constitucional, à Defensoria Pública, instituição permanente e essencial à função jurisdicional do Estado, incumbe, como expressão e instrumento do regime democrático, a orientação jurídica, a promoção dos direitos humanos e a defesa dos direitos individuais e coletivos, de forma integral e gratuita, aos necessitados[12].

Ao que interessa ao tema proposto, basta registrar que, malgrado a Lei 11.448/2007 já tenha consagrado a legitimidade da instituição para a Ação Civil Pública, foi a partir de tal alteração que ficou definitivamente consagrada na Lei Orgânica a questão da legitimidade da Defensoria para a tutela coletiva.

---

12. Trata-se de conceito retirado diretamente da Lei Complementar 80/1994 (Lei Orgânica da Defensoria Pública), o qual traz elementos que, embora já se tivesse como ínsitos à natureza da instituição, só passaram a ser previstos expressamente pela mudança implementada pela Lei Complementar 132/2009.

Não se deve limitar, todavia, a atribuição da instituição na defesa dos necessitados apenas no sentido de hipossuficiência econômica. Os contornos constitucionais dados à Defensoria Pública, bem assim as previsões contidas em sua Lei Orgânica, não permitem tal exegese minimalista.

Ao revés, o que deve nortear a análise da atribuição da instituição é a ideia do exercício pleno da cidadania. Daí porque qualquer vulnerabilidade dá margem à atuação da instituição.

Nesse sentido, considerando qualquer cidadão (os economicamente hipossuficientes inclusive) como titular do direito transindividual fundamental à moralidade administrativa, é que se coloca o questionamento acerca da legitimidade da Defensoria Pública na tutela jurisdicional do referido direito.

2.4.1. Da atuação da Defensoria Pública como instrumento de defesa dos grupos sociais vulneráveis

De proêmio, insta registrar que a defesa de grupos sociais em situação de vulnerabilidade é função institucional da Defensoria Pública, o que se observa tanto pela previsão constante no art. 134 da Constituição ao tratar de direitos coletivos, como também pela previsão literal estabelecida na Lei Complementar 80/94[13].

Por grupo social não se entenda uma distinção dada por critérios exclusivamente culturais. Não que a cultura (embora seja um conceito vago) não seja um elemento a ser considerado. O conceito de grupo social, todavia, deve ser compreendido de forma mais ampla: como uma coletividade de pessoas unidas por vínculos, tais como o reconhecimento de uma identidade formada a partir de uma história, destino ou experiência comum, ou ainda baseando-se em elementos como gênero, raça e etnicidades.

---

13. Art. 4º São funções institucionais da Defensoria Pública, dentre outras: XI – exercer a defesa dos interesses individuais e coletivos da criança e do adolescente, do idoso, da pessoa portadora de necessidades especiais, da mulher vítima de violência doméstica e familiar e de outros grupos sociais vulneráveis que mereçam proteção especial do Estado;

É como, expressamente resumindo os conceitos de Nancy Fraser, sintetizou Gislene Aparecida dos Santos:

> Os grupos sociais incluem, mas não se limitam a grupos culturais. Entre os grupos sociais, estariam aqueles baseados em gênero, raça e etnicidades (além de cultura e religião). O que os torna um grupo social é que formam suas identidades a partir de práticas comuns de vida, pelo reconhecimento de uma história comum e do mesmo status social. A identidade é construída com base na partilha de um destino comum. Um ponto fundamental para entender a noção de grupo social é que sua identificação não é dada pela adoção, consciente, de práticas ou modos de agir, mas pelo modo como é visto pelos outros grupos sociais.[14]

Sob esta perspectiva, portanto, a qualidade de um indivíduo enquanto pertencente a determinado grupo social vulnerável prescinde de seu enquadramento como economicamente vulnerável. Aliás, algumas vulnerabilidades podem até, por si, ser mais socialmente lesivas do que a econômica isoladamente considerada.

Ademais, em termos de sociedade de massa, a categoria jurídica dos necessitados (e, portanto, a própria função constitucional atribuída à Defensoria Pública) não se satisfaz com o mero necessitado econômico. Ao revés, ao sentido jurídico da hipossuficiência deve, por imperativo, ser atribuída uma conotação que seja adequada às necessidades contemporâneas. Nesse contexto é que surge uma "nova" categoria de hipossuficientes: os carentes organizacionais.

Por carência organizacional entenda-se a questão da vulnerabilidade de pessoas que, enquanto integrantes de grupos sociais, permaneceriam fragilizados na tutela de seus direitos, em face da complexidade das relações sociojurídicas da contemporaneidade. São os titulares daqueles direitos coletivos (em sentido amplo) os quais, embora perceptíveis isoladamente pela sua violação, em sentido individual acabam tendo sua

---

14. SANTOS, Gislene Aparecida dos. As cotas como projeto do multiculturalismo. In: _____. **Reconhecimento, utopia, distopia:** os sentidos da política de cotas raciais. São Paulo. Annablume; FAPESP, 2012.

tutela obstada por uma série de fatores, jurídicos ou não[15]. Um grupo assim identificado (e, por conseguinte, os indivíduos que o integram), portanto, decisivamente se encontra em situação de vulnerabilidade.

A tutela coletiva pela Defensoria Pública dos interesses transindividuais dos grupos sociais em situação de vulnerabilidade não pode ser encarada, assim, como uma mera possibilidade. A *"necessidade de a Defensoria Pública, cada vez mais, desprender-se de um modelo marcadamente individualista de atuação"*[16] é, na contemporaneidade, ao revés, uma imposição.

Aliás, a importância da compreensão desse conceito é pedra de toque na análise do tema proposto, eis que altera a perspectiva de análise, passando a focar na legitimidade da instituição pelo grupo titular do direito tutelado. Noutras palavras, o questionamento sobre a legitimidade da Defensoria para a defesa da moralidade administrativa passa a ser respondido, na medida em que se identifique, pela sua atuação, a proteção jurídica de direito titularizado por grupos vulneráveis, a despeito de sua condição econômica.

2.4.2. Honneth e a Defensoria Pública

2.4.2.1. *Honneth e o Direito como Padrão de Reconhecimento*

Em termos sintéticos, pode-se afirmar a existência de três distintas esferas de reconhecimento em Honneth: Amor, Direito e Solidariedade. Grosso modo, a primeira corresponderia à expressão afetiva de uma dedicação (amor, amizade) e desenvolveria a autoconfiança; a segunda consistiria na possibilidade efetiva de reclamar direitos e desenvolveria

---

15. GRINOVER, Ada Pellegrini. Consulta, com pedido de parecer, em nome da Associação Nacional de Defensores Públicos – ANADEP, a respeito da argüição de inconstitucionalidade do inciso II do artigo 5º da Lei da Ação Civil Pública – Lei n. 7.347/85, com a redação dada pela Lei n.11.488/2007. Disponível em: <http://www.anadep.org.br/wtksite/cms/conteudo/4820/Documento10.pdf> Acesso em: 27 de julho de 2012.

16. SANTOS, Boaventura de Souza. Introdução à sociologia da administração da justiça. **Revista de Processo**, São Paulo, n. 37, jan-mar. 1985, p. 150.

o autorrespeito; e a terceira estaria ligada à ideia de estima social, com o potencial de desenvolver a autoestima.

Para o foco deste trabalho interessa apenas a segunda esfera. O Direito, assim, em Honneth, teria o condão de possibilitar ao sujeito a faculdade de uma atividade legítima, com base na qual poderia constatar que goza do respeito dos demais, e, assim, respeitar a si próprio.

Tal faculdade, todavia, deve ser abrangente em todos os sentidos. É dizer, a mera ampliação objetiva de direitos, desacompanhada da efetiva ampliação subjetiva de seus titulares (em termos universalizantes) não satisfaz a esfera jurídica de reconhecimento.

Isso porque a experiência do reconhecimento jurídico exige que o sujeito, concebendo sua ação como uma manifestação da própria autonomia, encare a si próprio como pertencente àquela comunidade, em caráter universal, para, assim, respeitar a si próprio, porque merecedor do respeito de todos os outros.

Nos estritos termos de Honneth:

> Só sob as condições em que direitos universais não são mais adjudicados de maneira díspar aos membros de grupos sociais definidos por *status*, mas, em princípio, de maneira igualitária a todos os homens como seres livres, a pessoa de direito individual poderá ver neles um parâmetro para que a capacidade de formação do juízo autônomo encontre reconhecimento nela.[17]

A importância maior da abrangência da titularidade do direito talvez se explique melhor quando se atenta para o caráter de publicidade das prerrogativas jurídicas. Explique-se: a autoridade que detém as normas jurídicas, com a consequente publicidade que as acompanha, ao tornar pública a universalização da titularidade daquele direito, torna públicos tanto o direito, quanto a própria equiparação (esta não menos importante do que aquele).

Noutras palavras, quando um direito é conferido pela ordem legal em condições de equiparação com pretensão universalizante, o sujeito não só ganha para si a titularidade daquele direito, como também re-

---

17. HONNETH, Axel. **Luta por reconhecimento**. São Paulo: Editora 34, 2009. p. 195.

cebe a constatação, por todos os parceiros de interação social, de que é um titular, sendo, portanto, um igual.

É o caráter público que os direitos possuem, porque autorizam seu portador a uma ação perceptível aos parceiros de interação, o que lhes confere a força de possibilitar a constituição do autorrespeito; pois, com a atividade facultativa de reclamar direitos, é dado ao indivíduo um meio de expressão simbólica, cuja efetividade social pode demonstrar-lhe reiteradamente que ele encontra reconhecimento universal como pessoa moralmente imputável.[18]

Entender, portanto, que a condição universal(izante) de um direito é tão ou mais importante que a sua própria instituição é elemento chave para este padrão de reconhecimento. Isso porque fazer o sujeito perceber a si próprio na condição de titular de direitos, em condição de igualdade perante a coletividade (sendo, portanto, detentor da prerrogativa de exigi-los), é condição fundamental para a constituição do autorrespeito.

Com efeito, esta constatação é elemento decisivo para situar a Defensoria Pública dentro do sistema de proteção dos direitos transindividuais, notadamente a própria moralidade administrativa. Isso porque, acaso reconhecida à Defensoria Pública, como instituição responsável pela defesa dos necessitados, a legitimidade para a tutela jurisdicional da moralidade administrativa, estariam também sendo reconhecidos aqueles mesmos necessitados como titulares do direito à moralidade administrativa. Este reconhecimento, portanto, pode ser essencial à condição universalizante desse direito.

Concluir pela não legitimidade, aliás, seria necessariamente afirmar que os necessitados, foco de proteção pela Defensoria Pública e fundamento de sua legitimação, não seriam sujeitos titulares do direito à moralidade, o que não parece ser verdadeiro.

É como faz concluir a lição do Defensor Carlos Eduardo Rios:

> Talvez, poder-se-ia justificar a não convocação da Defensoria Pública para a mesa da moralidade administrativa imbuído da convicção de Ovídio, que proclamava que *"curia pauperibus clausa est"* (Amores 3.8.55). Afinal, a

---

18. Ibid., p. 197.

Justiça haveria de ter outro destinatário que não os indigentes e órfãos. A estes, restaria o consolo da mendicidade.

Outros, poderiam argumentar que a tomada da Bastilha, romperia com os brocardos "*L'État c'est moi*" e com o "*Après moi, le déluge*" apenas para a burguesia, que as massas populares embriagadas teriam se equivocado na expectativa de compartilhar da liberdade, da igualdade e da fraternidade. A exploração do proletariado ainda nem teria se iniciado pelas futuras revoluções industriais. Aos pobres, o Antigo Regime e toda a sorte da exploração do trabalho pelo capital, recolhidos à sua miséria.

Uns, mais nacionalistas, poderiam justificar a ilegitimidade ativa da Defensoria Pública para zelar pela probidade administrativa naquilo que interessa aos necessitados, sob o ideal do bordão consagrado por Justo Veríssimo, o político corrupto encarnado pelo querido humorista Chico Anysio, na conhecida expressão "Tenho horror à pobre! Quero que pobre se exploda!".

Confesso que o apego a uma renovada interpretação literal, emendando-se mais uma vez nossa oitava Constituição Republicana, seria mais coerente com a idéia de remeter o pobre à arena da imoralidade e do banditismo. Interessante seria redigir o parágrafo 4º, do Art. 37, desta Carta Constitucional, nestes precisos termos "Os atos de improbidade administrativa que prejudiquem de qualquer forma e por todos os modos os ricos e endinheirados importarão a suspensão dos direitos políticos, a perda da função pública, a indisponibilidade dos bens e o ressarcimento ao erário, na forma e gradação previstas em lei, sem prejuízo da ação penal cabível". Pronto, aí, neste caso, a Defensoria Pública seria verdadeira intrusa.[19]

---

19. AMARAL, Carlos Eduardo Rios do. **Defensoria pública na defesa da probidade administrativa: homenagem à heróica defensoria pública gaúcha: agravo de instrumento nº 70034602201.** Porto Alegre, 2010. Disponível em: < http://espaco-vital.jusbrasil.com.br/noticias/2291462/a-defesa-da-probidade-administrativa-e-uma-homenagem-a-defensoria-publica-gaucha>. Acesso em: 5 abr. 2013.

2.4.2.2 A Defensoria Pública como instituição articuladora do Direito como padrão do reconhecimento

Observando o traçado constitucional delineado para a Defensoria Pública, facilmente se observa que ela tem, enquanto instituição, as atribuições e instrumentos jurídicos para efetivar o Direito como padrão de reconhecimento.

Por certo que, em Honneth, é a violação às expectativas de reconhecimento que dá origem aos conflitos sociais. No que pertine à esfera do Direito, essa afirmação quer dizer que o caráter público que os direitos possuem, quando utilizado de modo a fazer constar que, naquela coletividade, determinado sujeito não encontra reconhecimento universal como pessoa moralmente imputável, ocasiona uma demanda reivindicatória que, não podendo ser traduzida na ordem jurídica constituída (porque aquele sujeito específico não se sente – ou mesmo não tem – na prerrogativa jurídica de exigir), acaba por gerar conflitos sociais que serão invariavelmente traduzidos em uma ordem paralela de reivindicações.

Acresça-se a este fato, ademais, o fenômeno hodiernamente perceptível de que o aumento da interação e da comunicação transculturais acaba por fazer proliferar a intolerância e o autoritarismo enquanto conflitos sociais.

É como faz questão de registrar Fraser:

> As lutas pelo reconhecimento estão hoje a proliferar apesar (ou por causa) do aumento da interação e comunicação transculturais [...] não fomentam a interação e o respeito entre diferenças em contextos cada vez mais multiculturais, mas tendem antes a encorajar o separatismo e a formação de enclaves grupais, o chauvinismo e a intolerância, o patriarcalismo e o autoritarismo.[20]

A figura da Defensoria Pública surge, neste contexto, como instrumento necessário e potencialmente efetivo para a articulação do Direito como padrão de reconhecimento.

---

20. FRASER, Nancy. **Redistribuição, reconhecimento e participação: por uma concepção integrada da justiça**. In: SARMENTO, D.; IKAWA, D.; PIOVESAN, F. (Org.). **Igualdade, diferença e direitos humanos**. Rio de Janeiro: Lúmen Júris, 2008. p. 167-190.. p. 14.

Cap. 2 • A DEFENSORIA PÚBLICA

É dizer, na medida em que a Defensoria, exercendo seu ofício junto aos grupos sociais vulneráveis, consegue tornar perceptível aos indivíduos daquela coletividade que eles são também titulares e destinatários de direitos, isto lhes possibilita a constituição do autorrespeito e, portanto, direciona aquelas reivindicações para a ordem jurídica estabelecida, evitando a proliferação de uma ordem paralela de reivindicações que se traduza em conflitos sociais.

A articulação da Defensoria Pública na universalização da efetividade dos direitos, assim, enquanto realização da ordem jurídica, como esfera de reconhecimento, pode vir a ter o condão de orientar o pólo (positivo ou negativo) para o qual as reivindicações se direcionariam.

Noutras palavras, cabe à Defensoria Pública, no que tange aos hipossuficientes em qualquer aspecto, nortear o destino de tais obstáculos sociais. Isso porque, aliados a uma Defensoria Pública eficiente e ativa, os desrespeitos cotidianos podem se converter em impulso para realização de lutas sociais, ao invés de apenas indignação, revoltas e sentimentos sociais negativos.

Ademais, não se espera de nenhum ser humano que aja de modo neutro. Ao revés, toda experiência de desrespeito a pretensões de reconhecimento acaba desencadeando uma reação emocional. O problema é justamente saber se a referida potencialidade permanecerá como sentimento de vergonha social ou se será transmutada em uma convicção política e moral.

Nesse mesmo sentido Honneth:

> Os sujeitos humanos não podem reagir de modo emocionalmente neutro às ofensas sociais, representadas pelos maus-tratos físicos, pela privação de direitos e pela degradação, os padrões normativos de reconhecimento recíproco têm certa possibilidade de realização no interior do mundo da vida social em geral; pois toda reação emocional negativa que vai de par com a experiência de um desrespeito de pretensões de reconhecimento contém novamente em si a possibilidade de que a injustiça infligida ao sujeito se lhe revele em termos cognitivos e se torne o motivo da resistência política.
>
> [...]

> Saber empiricamente se o potencial cognitivo, inerente aos sentimentos da vergonha social e da vexação, se torna uma convicção política e moral depende sobretudo de como está construído o entorno político e cultural dos sujeitos atingidos – somente quando o meio de articulação de um movimento social está disponível é que a experiência de desrespeito pode tornar-se uma fonte de motivação para ações de resistência política.[21]

Em síntese, é a disponibilização de uma estrutura de articulação no entorno político e cultural dos sujeitos atingidos (grupos sociais vulneráveis) o elemento chave para delimitar se aquela experiência de desrespeito vai ser traduzida em uma ação positiva de resistência política ou apenas numa demanda negativa reivindicatória, numa ordem paralela (violência, revolta e vergonha social).

Nessa conjuntura, novamente se sobressai a Defensoria Pública (pelo menos enquanto potencialidade). Isso porque, embora ainda instalada de forma deficitária no país, por sua aptidão em articular e transformar aquelas demandas em ações positivas, a instituição surge como potencial articuladora das demandas de grupos sociais vulneráveis.

Nesse sentido, perquirir acerca da legitimidade ampla da Defensoria Pública para a tutela jurisdicional dos direitos transindividuais (notadamente a moralidade administrativa) é também perquirir sobre a consagração do autorrespeito inerente ao Direito como padrão de reconhecimento.

É dizer, a constatação da existência de atos lesivos à moralidade administrativa que repercutem na esfera de direitos dos necessitados, aliada ao potencial que detém a Defensoria de articular aquelas demandas de proteção da moralidade para fins de traduzi-las em ação social positiva, parece ser bastante para afirmar que a conclusão pelo reconhecimento da legitimidade da Defensoria Pública, na tutela desse direito, tem o potencial de criar um agente articulador com possibilidades concretas de transmutar os sentimentos sociais negativos em uma positiva luta social.

---

21. HONNETH, op.cit., p. 224.

CAPÍTULO 3
TUTELA JURISDICIONAL DA ADMINISTRAÇÃO PÚBLICA

3.1. CONTROLE JURISDICIONAL DA ADMINISTRAÇÃO PÚBLICA

Diz-se controle jurisdicional da Administração Pública aquele realizado por certos legitimados, por meio de ações judiciais, com o fito de intervir em determinado ato/contrato/atividade/omissão perpetrado pela Administração Pública, para o fim de adequá-lo a certo parâmetro jurídico. Referido controle, não é demais registrar, deve, naturalmente, observar as garantias procedimentais do respectivo ordenamento jurídico (tais como as garantias processuais do devido processo legal e da ampla defesa).

No Brasil, esse tipo de controle permanece como o mais importante e efetivo meio de evitar que a atuação da Administração Pública se desvie dos limites legais aos quais está obrigada. Não é o único, é bom que se registre, mas certamente (principalmente no Brasil) se destaca sobremaneira como o mais útil e eficaz.

Por este motivo, aliás, é que se torna bastante relevante, dentro do tema do controle jurisdicional da Administração Pública, a problemática atinente à legitimidade da Defensoria Pública e, portanto, ao acesso à justiça. É dizer, considerando a efetividade desse tipo de controle, bem assim que a possibilidade do seu exercício confere ao legitimado uma parcela da participação comunitária na gestão da coisa pública, não é difícil se aperceber que garantir a legitimidade da Defensoria Pública é, diretamente, garantir que os sujeitos por ela protegidos não ficarão faticamente cerceados da parcela de participação democrática que no plano jurídico-formal lhes foi concedida.

3.1.1 Terminologias

Em sede de controle jurisdicional da Administração Pública nem sempre os termos técnico-jurídicos são utilizados de maneira uniforme.

Ao revés, expressões como *contencioso administrativo*, *jurisdição administrativa* e *justiça administrativa* frequentemente são empregados de maneira diversa pelos juristas, de modo que se faz necessário um registro sobre o alcance dos seus respectivos significados.

A expressão *contencioso administrativo*, a depender do contexto em que é empregada, pode apresentar três significados distintos. Em primeiro lugar (e num sentido mais amplo) pode ser entendida sob o enfoque da matéria discutida. É dizer, sob esse enfoque, o termo *contencioso administrativo* abrangeria todas as reclamações realizadas contra a atuação de determinada autoridade administrativa, seja ela intentada perante o Poder Judiciário ou perante a própria Administração.

Pode-se ainda entender como *contencioso administrativo*, numa acepção mais restrita, apenas aquela parte dos litígios levada ao Poder Judiciário que envolve a matéria administrativa. Sob essa abordagem (com ênfase no significado processual da palavra contencioso), o termo excluiria de seu significado as reclamações levadas a efeito perante a própria Administração.

A terceira possibilidade, por sua vez, seria ainda mais restrita. Nessa hipótese, o termo *contencioso administrativo* faria oposição à jurisdição comum, dando nome a uma justiça especializada que seria responsável (por repartição constitucional de jurisdição) pelo julgamento, com *animus* de definitividade, das ações que envolverem a Administração Pública. Trata-se de um sistema não adotado no Brasil, mas que ainda é seguido em algumas regiões do globo, tal como na França. Esse terceiro significado também é usualmente referido pelo termo de *jurisdição administrativa*.

A mesma problemática terminológica se apresenta quanto aos usos para o termo *justiça administrativa*. Não há unanimidade quanto ao seu significado, sendo utilizado tanto para ocupar a mesma função do sentido intermediário do termo *contencioso administrativo* (envolvendo qualquer litígio entre uma pessoa natural/jurídica e a Administração Pública que tenha sido judicializado), como sinônimo do seu sentido mais restrito, fazendo, assim, referência ao modelo francês de Jurisdição Administrativa especializada.

Ao bem da boa compreensão parece mais adequado firmar o entendimento sobre os referidos conceitos. Assim, por se acreditar ser mais coerente semanticamente, é feita a escolha de se adotar os significados das referidas expressões, por ordem decrescente de amplitude conceitual, em: contencioso administrativo, justiça administrativa e jurisdição administrativa. Desta forma, grosso modo, *contencioso administrativo* assumiria o significado geral de todo pleito realizado contra o poder público; *justiça administrativa* assumiria o significado daqueles pleitos que foram levados efetivamente à Justiça (Poder Judiciário); e *jurisdição administrativa* se referiria à justiça especializada do modelo dualista de jurisdição tal qual a do sistema francês.

3.1.2. Sistemas de Controle Jurisdicional

Neste ponto, em razão da referência havida ao modelo francês, é bom que se esclareça a existência de uma pluralidade de sistemas de controle jurisdicional da Administração Pública. Por sistemas de controle jurisdicional da Administração entenda-se o regime adotado por um determinado Estado, dentro de sua respectiva soberania, para o controle jurisdicional dos atos praticados pelo poder público.

Doutrinariamente, costuma-se dividi-los em três modelos teóricos distintos: sistema de unidade de jurisdição, sistema de dualidade de jurisdição e sistemas mistos. Tal classificação conceitual (embora fadada a algumas imperfeições, tal qual o são todos os critérios de classificação) adota como critério, em resumo, a subordinação a uma pluralidade/unicidade de Cortes, excetuada a Corte Constitucional. É dizer, a despeito da (in)existência de uma subordinação comum a uma Corte Constitucional, dentro dessa classificação teórica, o relevante para distinguir a que sistema se aproxima cada Estado é identificar se os Tribunais Administrativos estão ou não subordinados à mesma Corte Superior dos demais Tribunais.

3.1.2.1. *Sistema Monista*

O sistema de unidade de jurisdição (também chamado sistema de jurisdição una, sistema monista ou sistema de jurisdição ordinária) costuma ser identificado ao modelo inglês. Nesse modelo de controle jurisdicional da Administração Pública, todos os litígios em face do poder público serão levados ao mesmo órgão do poder judiciário que julga as demais matérias (civis, criminais, trabalhistas, consumeristas etc) e que será, por sua vez, o único com possibilidade de resolver o conflito de forma definitiva.

A adoção desse sistema pelos países anglo-saxões tem explicação pelo contexto histórico:

> Os países anglo-saxônicos, privados de uma administração forte e vinculados à supremacia do poder judiciário, reconhecem neste uma competência geral a fim de impor a regra do direito aos funcionários e aos cidadãos. As ações do direito comum são os instrumentos do controle judiciário sobre os atos do Poder e sobre o funcionamento dos serviços públicos. (tradução livre)[22]

Importante observar que, para a configuração deste sistema, não é relevante se o órgão específico que vai exercer a jurisdição é o mesmo. Noutras palavras, não é bastante à exclusão do sistema monista o simples fato de que determinado juiz não detenha, ao mesmo tempo, competência para julgar casos de todas as matérias. O relevante, frise-se, é a existência potencial dessa possibilidade. Isso porque uma eventual não cumulação é apenas uma questão processual afeta à repartição de competências, não influindo no modelo de controle jurisdicional da Administração adotado.

Vale ainda registrar que a adoção do sistema de jurisdição una não impede a existência de controles realizados no âmbito administrativo. É dizer, o particular insatisfeito com um ato do poder público pode, mesmo num país que adotou o sistema de jurisdição una, optar por realizar o seu pleito perante a própria Administração, sem que isso descaracterize o modelo adotado. O importante, todavia, é assegurar que qualquer litígio, mesmo aquele já "julgado" pela própria Administração, possa

---

22. *Les pays anglo-saxons, privés d'une administration forte et attachés avant tout à la suprématie du pouvoir judiciaire, reconnaissent à celui-ci une compétence générale à l'effet d'imposer la règle de droit aux fonctionnaires et aux citoyens. Les actions de droit commun sont donc les instruments du contrôle judiciaire sur les actes du Pouvoir et sur le fonctionnement des services publics.* (ALIBERT, Raphael. ***Le contrôle juridictionnel de l'administration***. Paris: Payot, 1926. p. 23)

vir a ser ajuizado e julgado perante a jurisdição ordinária do país, para, aí sim, obter decisão com *animus* de definitividade (coisa julgada).

A vantagem doutrinariamente apontada para esse tipo de regime é a simplicidade, por evitar a existência de problemas de competência.

Ora, se não existe outro órgão com quem dividir o poder de julgar alguma questão com *animus* de definitividade, então também inexiste órgão com o qual disputar competências de julgamento.

Por outro lado, a inexistência de especialização dos magistrados nas questões afetas à Administração Pública é um ponto frequentemente apontado como desvantagem desse modelo de controle jurisdicional. Isso porque a matéria envolvida é sobremaneira específica, envolvendo não apenas uma normatização jurídica distinta, mas uma pessoa jurídica distinta, cuja particularidade acarreta uma série de ritos, procedimentos e tratamentos que, por serem tão específicos, indubitavelmente demandam uma preparação diferenciada.

3.1.2.2. Sistema Dualista

Quanto ao sistema de dualidade de jurisdição (também chamado de sistema de jurisdição dupla ou sistema dualista), de proêmio insta registrar a identificação imediata com o modelo francês. Trata-se de um modelo de controle jurisdicional em que se veda à jurisdição comum do Poder Judiciário o conhecimento de matérias afetas à Administração Pública, ficando estas sujeitas ao julgamento por Cortes específicas de jurisdição administrativa.

Noutras palavras, o que caracteriza esse modelo de controle jurisdicional da administração pública é a existência paralela de duas ordens de jurisdição: a jurisdição comum e a jurisdição administrativa, cada uma com os seus próprios órgãos de decisão, com estruturas particulares de hierarquia, com seus próprios arcabouços administrativos e subordinadas a órgãos supremos distintos.

Malgrado a adjetivação de administrativa, é válido ressaltar que a jurisdição administrativa é tão jurisdição quanto a jurisdição comum.

Não obstante o nome possa induzir a uma interpretação equivocada (mormente quando se faz uma leitura tendo por parâmetro o ordenamento jurídico brasileiro), nenhuma ideia estaria mais errada do que aquela que dissesse que os juízes da jurisdição administrativa não exerceriam uma jurisdição efetiva. São tão juízes quanto os demais:

> O juiz contencioso-administrativo, como se sabe, não é um semijuiz, ou um juiz com menos poderes do que os das outras ordens jurisdicionais, ou esmagado por uma das partes a quem deva deferência ou reverência; a ele é aplicável, no mesmo grau que aos demais juízes, a função que lhes foi confiada pelo artigo 24 da Constituição de conceder a 'tutela jurisdicional efetiva' da Administração, o que implica para esta, inescusavelmente, sujeição plena ao juiz. (tradução livre) [23]

Não há, portanto, dentro do modelo de duplicidade de jurisdição, qualquer noção de hierarquia entre os juízes e cortes da jurisdição comum e os juízes e cortes da jurisdição administrativa.

Para a boa compreensão do tema, é válido ainda registrar, como ensina a doutrina, que a existência desse modelo dualista de controle jurisdicional do poder público teve origem na França, como consequência direta de alguns fatos históricos anteriores à Revolução Francesa.

Isso porque, à época, os cargos de juízes eram ocupados pela nobreza, justamente o estrato social do qual foi usurpado o poder pela burguesia revolucionária. Havia, assim, uma desconfiança natural, por parte do novo estrato social dominante, em relação às decisões dos então juízes, de maneira que a solução encontrada para a manutenção da nova ordem de poder foi retirar daqueles juízes-nobres a possibilidade de julgar causas que envolvessem o novo Estado-burguês.

Evitar o poder nas mãos dos antigos juízes era, assim, reforçar a nova legalidade, de maneira que, no surgimento desse modelo duplo de jurisdição, torna-se muito evidente a iniciativa de evitar problemas políticos:

---

23. *El juez contencioso-administrativo, es bien sabido, no es un cuasi-juez, o un juez con menores poderes que los de los otros órdenes jurisdiccionales, o aplastado por la maiestas de una de las partes a la que deba deferencia o reverencia; a él es aplicable, en el mismo grado que a los demás jueces, la función que encomienda a éstos el artículo 24 de la Constitución de otorgar 'tutela judicial efectiva' de la Administración implica para ésta, inexcusablemente, sometimiento pleno al juez.* (ENTERRÍA, Eduardo García de. **Democracia, jueces y control de la administración**. 5. ed. ampl. Madrid: Thomson Civitas, 2005. p. 249.)

[...] como já se havia verificado na França anterior ao primeiro pós-guerra, o desenvolvimento de uma jurisdição contencioso-administrativa não criou grandes problemas políticos precisamente porque veio em reforço da própria legalidade do Estado, da ordem e do controle da Administração. (tradução livre) [24]

A Revolução, assim, galgou alcançar êxito para além da própria reforma do Estado, evitando problemas políticos e garantindo, também, a manutenção da estrutura de poder conquistada.

Em oposição ao sistema anteriormente mencionado, a doutrina costuma apontar, como vantagem desse modelo de jurisdição, a especialização dos magistrados no que se refere ao direito administrativo. Ora, a especialização da justiça, de fato, tem o condão de especializar os respectivos magistrados, de modo que é natural esperar que um juiz especificamente preparado para atuar em causas que envolvam o poder público tenha mais condições de melhor julgá-las do que aquele que, além dessa matéria, tem também que se envolver em questões da jurisdição ordinária (Direito Penal, Civil, Trabalhista, entre outros).

Quanto ao aspecto desfavorável, menciona-se a proliferação de conflitos de competência que costumam afligir as Justiças dos países que possuem esse tipo de jurisdição.

Isso porque não são exatamente todos os conflitos envolvendo a Administração os que são julgados pelos Tribunais Administrativos. Em verdade, mesmo nos países que adotam o sistema de dualidade de jurisdição, a Administração por vezes é julgada pela jurisdição comum, a depender do critério de competência estabelecido pelas leis internas. Na França, por exemplo, os Tribunais da jurisdição comum são os responsáveis por julgar os conflitos que envolvem contratos de natureza privada, mesmo quando celebrados com a Administração.

Ocorre que os critérios da lei estão sempre sujeitos a interpretações e casuísticas que, invariavelmente (como acontece em qualquer caso

---

24. *[...] como ya se había comprobado en la Francia anterior a la primera postguerra, resultaba que el desarrollo de una jurisdicción contencioso-administrativa extensa no creaba grandes problemas políticos, precisamente porque venía en refuerzo de la propia legalidad del Estado y del orden y control de la Administración.* (ibid., p. 63.)

de interpretação de dispositivos legais), geram dificuldades para o seu entendimento pleno e sua aplicação uniforme.

Assim, ao contrário do que ocorre no modelo de jurisdição una, neste modelo dualista de jurisdição a questão acerca da análise primária sobre "[...] no Tribunal de que jurisdição deve ser ajuizada a ação?" é condição prévia e essencial à regular tramitação da causa, podendo sua escolha equivocada acarretar consequências jurídicas absolutamente indesejadas.

Ademais, essa questão preliminar acerca da jurisdição competente envolve, necessariamente, uma decisão de um juiz sobre a confirmação ou não da competência afirmada. A inevitabilidade desse tipo de decisão, por sua vez, acaba por exigir a existência de uma estrutura externa (e hierarquicamente superior a ambos os Tribunais), responsável por dirimir os conflitos de competência, o que pode acabar complicando e atrasando a prestação jurisdicional, configurando outra desvantagem deste modelo dualista.

3.1.2.3 Sistemas Mistos

A par desses dois modelos teóricos de controle jurisdicional da Administração Pública, existe ainda a situação dos países que resolveram não se filiar estritamente a nenhum deles. Trata-se do chamado sistema misto.

Existem alguns modelos mistos que se aproximarão mais do sistema dualista, como também existem outros que se aproximarão com mais facilidade do modelo monista. Por se tratar de uma classificação mista, todavia, não há como precisar, previamente, com perfeição, quanto de cada modelo deve ser utilizado para que o sistema de determinado Estado se desnature como dualista/monista e passe a ser um modelo misto.

O certo é que há países nos quais os primeiros modelos puros são afastados pela existência de previsões distintas em cada ente federado (alguns se aproximando mais do modelo dualista, enquanto outros se aproximariam do modelo monista) ou ainda países em que a jurisdição monista sobrevive nos primeiros graus de jurisdição, mas se reduz a

Câmaras Especializadas nos graus superiores. Nessas situações está configurada a adoção do sistema misto.

3.1.2.4. O sistema brasileiro de controle jurisdicional

O Brasil adota o modelo monista de controle jurisdicional da Administração Pública. No país, embora existam Tribunais especializados para a jurisdição trabalhista, eleitoral e militar, o julgamento das causas que envolvem o poder público é feito pela justiça comum, devendo apenas haver a necessária distinção quando se trata de um caso de competência da justiça federal ou da justiça dos estados.

Embora exista no Brasil a possibilidade de se realizar pleitos diretamente perante a Administração, tal situação não se constitui propriamente numa jurisdição, até mesmo porque eventual decisão contrária aos interesses dos postulantes pode ser revista pelo Poder Judiciário para, somente então, passar a ser julgada em definitivo (coisa julgada). Não existe, portanto, no Brasil, uma jurisdição administrativa especializada, no sentido tal como foi delineado.

3.2. O CONTROLE JURISDICIONAL DA MORALIDADE ADMINISTRATIVA

Pode-se conceituar a atividade de controlar como o ato de submeter certa coisa a algum parâmetro estabelecido, de modo a fazer adaptar aquela primeira coisa às coordenadas desta última. Para trazer palavras mais precisas, vale apropriar-se do conceito de Gérard Bergeron[25], segundo o qual:

> [...] controle consiste em estabelecer a conformidade de uma coisa em relação a outra coisa. Daí a necessidade de um *rôle* ideal, forma, modelo ou *standard*, que serve de medida para a comparação. Há controle quando há relação, aproximação ou confrontação entre esta coisa, objeto de controle, e esta outra coisa ou *rôle* ideal, que serve de escala de valor para a apreciação.

---

25. BERGERON, Gérard. Fonctionnement de l'État. 2. éd. Paris: Armand Colin, 1965. p. 52, apud MEDAUAR, Odete. **Controle da administração** pública. 2. ed. rev., atual. e ampl. São Paulo: Revista dos Tribunais, 2012. p. 23-24.

Controlar a moralidade administrativa significa, assim, fazer adaptar a atividade administrativa aos contornos determinados pela própria moralidade administrativa. Efetuar este controle jurisdicionalmente significa, portanto, nos termos do conceito retro delineado, submeter a atividade dos agentes estatais, por meio da via judicial, aos parâmetros da moralidade administrativa, para o fim de conformar aquela primeira aos ditames desta última.

E por "parâmetros da moralidade administrativa" não se entenda estritamente a lei. Trata-se de conformar a atividade administrativa também à lei, mas não somente a ela. Em verdade, o controle que tem como paradigma a moralidade administrativa deve conformidade a diversos outros fatores extranormativos que subordinam e densificam aquela garantia constitucional.

Foi como fez questão de asseverar o professor Manoel de Oliveira Sobrinho quando, embora tratando especificamente da Ação Popular, fez a seguinte afirmação:

> Não é o ato *não legal* que justifica a ação popular, pois legal o ato é, deve ser. O que se exige é que, dentro dos pressupostos legais, seja moral, não conflitante com as regras da boa administração, ou com a moralidade administrativa. Não será nunca demais repetir que a equidade e a imparcialidade fazem na normalidade obrigações de relação jurídica. E que o dano, que atinge o cidadão pelos seus efeitos pode atingir a comunidade.
>
> [...]
>
> A finalidade da lei, a intenção do legislador no acautelamento da ordem administrativa, manda que a lesividade também seja apurada em razão da moralidade. Do contrário, o exercício do direito à ação não alcançaria jamais os propósitos pretendidos, uma vez que se apreciando apenas a legalidade nada de novo se faria em favor da tutela do patrimônio público.[26]

No ordenamento jurídico brasileiro, são diversos os instrumentos que podem ser utilizados para tal finalidade. Em termos processuais, por exemplo, existem a Ação Civil Pública (que pode veicular demanda

---

26. FRANCO SOBRINHO, Manoel de Oliveira. **O controle da moralidade administrativa**. São Paulo: Saraiva, 1974. p. 210-212.

por Ato de Improbidade), a Ação Popular e o Mandado de Segurança (individual e coletivo). Em termos extraprocessuais, por sua vez, destacam-se, sobretudo, o direito de petição, o Termo de Ajustamento de Conduta e a Recomendação. Desde logo, contudo, necessário registrar que tais espécies não serão aqui analisadas detidamente, uma vez que a questão de direito processual/procedimental extrapola a finalidade proposta neste trabalho.

De todo modo, insta observar que qualquer controle da atividade estatal costuma encontrar, por si, diversos entraves, já que se trata de um fazer com aptidão para subordinar a atuação dos administradores a um juízo analítico a ser desenvolvido por uma entidade alheia à sua estrutura. Essa preocupação remete ao fato de que a atividade de controle está sujeita a desvios que, como tal, podem ser lesivos à própria democracia.

Nesse diapasão, não é difícil encontrar na doutrina manifestações que registram uma significativa preocupação quanto aos excessos possivelmente cometidos pelo Poder Judiciário quando, em atividade de controle (certamente iniciados por alguma outra entidade controladora, diante da inércia a que está submetido aquele poder), supostamente se apropria da margem política da decisão originariamente pertencente aos demais poderes:

> Isso não estaria em conformidade nem com o Estado de Direito, nem com a democracia. Também os tribunais devem agir estritamente dentro dos limites legais e nunca impor suas próprias decisões em substituição às dos órgãos administrativos. O controle judicial das decisões da Administração Pública, nos casos em que se oferece a ela a discricionariedade, deve estar sujeito a regras restritivas para que a divisão de Poderes, imprescindível ao Estado democrático de Direito, não seja burlada.[27]

A preocupação fundamental, portanto, seria a de que o exercício indiscriminado do controle da Administração Pública possa vir a malferir a repartição de poderes e, assim, a própria democracia.

---

27. BROSS, Siegfried. O sistema de controle judicial da administração pública e a codificação da jurisdição administrativa. **Revista CEJ,** Brasília, DF, n. 34, p. 35-42, jul./set. 2006. Disponível em: <http://www2.cjf.jus.br/ojs2/index.php/cej/article/viewFile/726/ 906>. Acesso em: 8 nov. 12. p. 41.

Sobre esse suposto risco de desequilíbrio da tripartição de poderes já se manifestou de maneira oposta Rodolfo de Camargo Mancuso. Na oportunidade, embora em verdade tenha tratado especificamente de direitos transindividuais, elaborou conclusão com amplitude bastante a ilustrar a questão de maneira mais abrangente:

> Não se trata de "inchamento" do Poder Judiciário, porque, quando ele outorga tutela aos interesses metaindividuais, não está desenvolvendo atividade de "suplência"; é sua própria atividade, de outorgar tutela a quem pede e merece. No caso dos interesses difusos, a intervenção jurisdicional é hoje considerada fundamental; não é que esse Poder esteja a invadir a seara dos outros; será, antes, um sinal de que os outros não estão a tutelar esses interesses, obrigando os cidadãos (Através de ação popular, v.g.) a recorrerem diretamente à via jurisdicional.[28]

O controle da moralidade administrativa não deve ser temido. É, ao revés, maneira eficiente de prestar solução concreta para a omissão/ação que prejudique a efetiva realização de direitos fundamentais. Não se pode permitir, desse modo, dentro de uma ótica democrática de participação comunitária na gestão da coisa pública, que se restrinjam os legitimados à proteção da moralidade administrativa, com prejuízo direto à tutela dos direitos fundamentais.

---

28. MANCUSO, Rodolfo de Camargo. **Interesses difusos: conceito e legitimação para agir**. 6. ed. rev. e ampl. São Paulo: Revista dos Tribunais, 2004. p. 137.

CAPÍTULO 4
A MORALIDADE ADMINISTRATIVA

Moralidade administrativa é expressão plurissignificativa. Isso significa dizer que a menção descontextualizada deste vocábulo não é bastante para que o interlocutor alcance o significado realmente pretendido pela mensagem. A multiplicidade de sentidos da expressão dificulta a sua definição de tal maneira que exige, ao menos em certa medida, a demonstração de uma opção por alguma delimitação conceitual.

Um discurso que faça referência à moralidade administrativa, mesmo que pretensamente objetivo, pode ser entendido como um discurso que adota um conceito jurídico-objetivo, mas também pode facilmente ser interpretado como uma aproximação de um conceito fundamentalmente ético-axiológico. E mais, mesmo dentro destas duas vertentes, outras possibilidades hermenêuticas surgirão: naquela, sobre a precisa identidade jurídica da referida expressão (autonomia quanto a outros conceitos jurídicos supostamente análogos) e, nesta, sobre a singularidade do significado diante da abundante diversidade de valores ético-morais.

A amplitude significativa do vocábulo e a consequente necessidade de delimitação conceitual, contudo, em que pese de fato constituírem elemento dificultador da comunicação, não podem ser entendidas como limitadores do discurso. Pelo contrário, a abrangência do alcance conceitual do vocábulo é elemento a ser considerado na sua compreensão, uma vez que depõe de certa forma sobre a proximidade e interconexão entre os diversos significados.

É dizer, moralidade administrativa, moralidade social, legalidade e probidade administrativa são conceitos que não se confundem, mas cuja compreensão aprimorada depende de alguma maneira da compreensão das respectivas aproximações e traços distintivos.

Nesse sentido é que, mesmo quantitativa e qualitativamente limitado pela consciência de que não se trata de um trabalho especificamente destinado ao tema, a fim de possibilitar a efetiva compreensão do problema proposto, pretende-se trazer as bases conceituais para estabelecer as delimitações do que deve ser entendido por moralidade administrativa para a finalidade deste trabalho.

Para este fim incumbe de pronto demonstrar que a moralidade administrativa está presente no nosso ordenamento jurídico. Por vezes tratada como princípio, por outras, como direito público subjetivo, ou ainda como "[...] *superprincípio informador dos demais (ou um princípio dos princípios)*"[29], o fato primordial a ser registrado é que a moralidade administrativa é norma-vetor instituída no nosso ordenamento jurídico com fundamento na Constituição Federal.

Mesmo ignorando uma interpretação sistemática (que em si mesma já poderia encontrar fundamentos constitucionais para a moralidade administrativa), do ponto de vista meramente objetivo, podem ser citadas as menções constitucionais da moralidade administrativa quando da previsão da ação popular[30], quando do tratamento dos direitos políticos[31] ou, ainda, quando da enumeração dos princípios da administração pública[32].

---

29. MARTINS JUNIOR, Wallace Paiva. **Probidade administrativa**. 1999. Dissertação (Mestrado em Direito) – Faculdade de Direito, Universidade de São Paulo, São Paulo. p. 29.

30. Ar. 5º - LXXIII - qualquer cidadão é parte legítima para propor ação popular que vise a anular ato lesivo ao patrimônio público ou de entidade de que o Estado participe, à moralidade administrativa, ao meio ambiente e ao patrimônio histórico e cultural, ficando o autor, salvo comprovada má-fé, isento de custas judiciais e do ônus da sucumbência;

31. Art. 14 - § 9º Lei complementar estabelecerá outros casos de inelegibilidade e os prazos de sua cessação, a fim de proteger a probidade administrativa, a moralidade para exercício de mandato considerada vida pregressa do candidato, e a normalidade e legitimidade das eleições contra a influência do poder econômico ou o abuso do exercício de função, cargo ou emprego na administração direta ou indireta.

32. Art. 37. A administração pública direta e indireta de qualquer dos Poderes da União, dos Estados, do Distrito Federal e dos Municípios obedecerá aos princípios de legalidade, impessoalidade, moralidade, publicidade e eficiência e, também, ao seguinte:

Cap. 4 • A MORALIDADE ADMINISTRATIVA

É bem verdade que a afirmação de que os agentes do Estado têm de atuar na conformidade com a honestidade profissional é redundante quando se trata de um ordenamento jurídico republicano (como o nosso). A densificação desta definição exata do que seria o comportamento adequado, todavia, é tarefa hercúlea e que foge aos limites do debate proposto.

Assim, para a finalidade deste trabalho é bastante a possibilidade de identificação dos atos violadores da moralidade administrativa. Para tanto, é suficiente uma demonstração da delimitação conceitual aqui adotada, o que se pretende fazer pela fixação da moralidade administrativa enquanto direito transindividual e pelas distinções desta em face da legalidade, moralidade social e probidade administrativa, conforme se fará a seguir.

4.1. MORALIDADE ADMINISTRATIVA ENQUANTO DIREITO TRANSINDIVIDUAL

Traçada em capítulo anterior a importante função da Defensoria Pública na proteção dos direitos transindividuais, passa a ser relevante fixar a moralidade enquanto direito transindividual, para responder à problemática atinente à legitimidade defensorial para o controle jurisdicional da moralidade administrativa.

Não se trata de tarefa tormentosa. Em verdade, o caráter eminentemente não-individual da titularidade é característica evidente do direito à moralidade administrativa. Dito de outra forma: é de fácil constatação que o malferimento à moralidade administrativa afeta negativamente uma pluralidade indeterminada e não individualizável de sujeitos, característica bastante à sua identificação enquanto direito transindividual.

Sobre o inegável caráter transindividual da titularidade do direito à moralidade administrativa já se pronunciou Paulo de Tarso Brandão:

> É inegável o caráter preponderantemente difuso do interesse que envolve a higidez do erário público. Talvez seja o exemplo mais puro de interesse difuso, na medida em que diz respeito a um número indeterminado de pessoas, ou seja, a todos aqueles que habitam o Município, o Estado ou o próprio País a cujos Governos cabe gerir o patrimônio lesado, e mais todas as pessoas que venham

ou possam vir, ainda que transitoriamente, desfrutar do conforto de uma perfeita aplicação ou os dissabores da má gestão do dinheiro público.[33]

O mesmo registro sobre a natureza transindividual do direito à moralidade também já foi feito por Wallace Paiva Martins Junior:

> A proteção jurídica dos direitos e interesses metaindividuais abrange, ainda, a tutela da moralidade e da probidade administrativas. A moralidade administrativa também é considerada interesse difuso por excelência, cujo titular é a coletividade. A probidade, dever decorrente da moralidade, segue a mesma natureza (indivisibilidade e indisponibilidade) e tem a mesma titularidade.[34]

O caráter transindividual do direito à moralidade administrativa não é, portanto, questão que costuma ser objeto de contestação. Qualquer dúvida a esse respeito pode ser facilmente afastada diante da constatação da natureza de plurititularidade e de indivisibilidade do referido direito.

Nesse ponto, pode passar estranheza a ausência de menção à qualificação da moralidade enquanto direito coletivo, difuso ou individual homogêneo. Importante registrar que se trata de uma opção fundamentada e não alguma espécie de omissão involuntária.

Este silêncio deliberado tem origem na percepção de que essa classificação tripartite, tão comum na doutrina brasileira, para além de não trazer nenhuma contribuição teórica significativa, chega até mesmo a acarretar prejuízos de ordem prática. Aliás, a insistência da doutrina brasileira em identificar e catalogar todas as hipóteses de direitos transindividuais dentro da clássica classificação tripartite é esforço peculiar que não encontra qualquer paradigma dentro do contexto atual no direito comparado e cuja origem remonta à doutrina italiana de diversas décadas atrás.

O registro da inutilidade desta classificação tripartite para a operacionalidade dos processos coletivos e para a tutela dos direitos de grupo foi bem resumido por Antonio Gidi:

---

33. BRANDÃO, Paulo de Tarso. **Ação civil pública**. Porto Alegre: Obra Jurídica, 1996. p. 122.
34. MARTINS JUNIOR, op. cit., p. 86.

Cap. 4 • A MORALIDADE ADMINISTRATIVA

> Um problema que põe o direito brasileiro numa posição no mínimo peculiar no contexto do direito comparado é a existência de uma definição legal dos direitos de grupo que, em nosso país, são tipificados pela lei e classificados de forma tripartite em direitos difusos, coletivos e individuais homogêneos (CDC, art. 81).
>
> [...]
>
> É desalentador constatar que livros brasileiros publicados neste século ainda repetem acriticamente definições de direitos difusos e coletivos lançadas pelos autores italianos trinta anos atrás, sem a menor aplicação prática ou teórica para o direito positivo brasileiro.
>
> O curioso, porém, é que esses conceitos simplesmente não existem nos Estados Unidos, que era a realidade que os autores italianos queriam originalmente retratar.
>
> Nenhum trabalho doutrinário, nenhuma decisão norte--americana sequer menciona expressões como "difuso", "coletivo" e muito menos "individuais homogêneos". São categorias absolutamente inúteis para a operacionalidade dos processos coletivos e da tutela dos direitos de grupo.[35]

Adota-se então o entendimento de que esta distinção tripartite dos direitos transindividuais é inútil para a operacionalização dos processos coletivos. E se é inútil já nesta perspectiva mais genérica da proteção dos direitos de grupo, tem ainda menos serventia para a específica problemática que envolve a legitimidade da Defensoria Pública no processo coletivo.

Isso porque a pedra de toque para a análise sobre a legitimidade da atuação da Defensoria Pública dentro do processo coletivo não encontra suporte na subespécie de direito metaindividual (coletivo, difuso ou individual homogêneo), mas tão somente na efetiva proteção dos direitos dos necessitados (estes entendidos aqui em sentido amplo, conforme já explicitado, para além do conceito que envolve a perspectiva exclusivamente econômica). É dizer, para responder sobre a legitimidade da Defensoria na proteção de determinado direito transindividual, a pergunta que deve ser feita não perpassa a subcategorização do direito transindividual tutelado, mas tão somente o potencial de efetiva prote-

---

35. GIDI, Antonio. **Rumo a um código de processo civil coletivo:** a condição das ações coletivas no Brasil. Rio de Janeiro: Forense, 2008. p. 201-202.

ção que aquela atuação pode ter em relação aos indivíduos ou grupos tidos como necessitados.

Ademais, é de se rememorar que referida subcategorização dos direitos metaindividuais é um irrelevante constitucional no que tange à legitimidade defensorial para o processo coletivo. E isso se verifica na constatação de que a Constituição Federal, ao positivar a legitimidade da Defensoria para a proteção dos direitos transindividuais, não fez qualquer ressalva quanto às subespécies destes direitos[36].

Noutras palavras, sob a perspectiva constitucional, a Defensoria Pública é instituição legitimada para atuar no processo coletivo para a tutela de qualquer direito metaindividual. Deste modo, se a própria Constituição não fez distinção entre as subespécies de direitos transindividuais para fins da legitimidade defensorial, não há liberdade para uma interpretação restritiva que venha a reduzir o alcance da norma constitucional.

Assim é que, para subsumir a tutela jurisdicional da moralidade administrativa dentro da previsão constitucional afeta à legitimidade das Defensorias Públicas, é bastante a identificação da moralidade enquanto direito transindividual, sendo absolutamente irrelevante sua subcategorização[37].

---

36. Art. 134. A Defensoria Pública é instituição permanente, essencial à função jurisdicional do Estado, incumbindo-lhe, como expressão e instrumento do regime democrático, fundamentalmente, a orientação jurídica, a promoção dos direitos humanos e a defesa, em todos os graus, judicial e extrajudicial, dos direitos individuais e coletivos, de forma integral e gratuita, aos necessitados, na forma do inciso LXXIV do art. 5º desta Constituição Federal. – a referência feita a direitos "coletivos" neste dispositivo constitucional é interpretada como "direitos coletivos em sentido amplo", que, nesta acepção, deve ser entendida como sinônimo de direito transindividual ou direito metaindividual, e não como qualquer das subespécies (coletivo em sentido estrito, difuso ou individual homogêneo). Esse mesmo termo é também empregado com significado idêntico no art. 129, III, da constituição, na ocasião na qual se trata da legitimidade do Ministério Público para o processo coletivo.

37. É bem verdade que, embora seja este o posicionamento adotado neste trabalho, a legitimidade da Defensoria Pública para propor ação civil pública em defesa de interesses difusos é tema de repercussão geral, registrado sob o número 607 no Supremo Tribunal Federal. Aliás, analisando essa questão sob a perspectiva citada por Antonio Gidi, esse seria um preciso exemplo de problema prático de como essa abstração pode resultar em diferenças desnecessárias no procedimento dos

4.2. MORALIDADE ADMINISTRATIVA E LEGALIDADE

Nem sempre foi atribuída imperatividade à moralidade administrativa. Acostumou-se, ao revés, a identificá-la como uma mera concretização do Princípio da Legalidade, de maneira que da moralidade administrativa não derivaria nenhum mandamento novo para os administradores, mas apenas uma especificação do mandamento anterior de obediência à lei.

Este tipo de abordagem limitativa ocasionou um atraso na efetividade autônoma da moralidade administrativa no Brasil, como bem registrou Cesar Jackson Grisa Junior:

> [...] incluiu-se mais tarde a ideia de que a legalidade entendida em sentido lato poderia abranger a moralidade administrativa, o que acabou por causar o desuso do termo em detrimento da expressão "desvio de poder", de uso generalizado no Brasil. Esse acontecimento pode-se dizer que retardou a abordagem e o emprego autônomo mais efetivo do princípio da moralidade administrativa por anos no Brasil.[38]

Tal exegese derivaria da ideia de que o conceito de moralidade administrativa seria demasiado vago e impreciso, de modo que, na sua aplicabilidade, acabaria sendo absorvido pelo próprio conceito de legalidade.

É certo, contudo, que a Constituição Federal de 1988 empregou à moralidade administrativa uma concretude que a torna praticamente palpável, do ponto de vista jurídico. É dizer, sob o prisma constitucional, a moralidade administrativa não foi assegurada apenas como um mero consectário da legalidade, mas, ao revés, como um "[...] *direito público subjetivo, cujo titular é a coletividade indivisivelmente considerada, que pode exigir seu cumprimento da Administração Pública*".[39]

---

três tipos de demandas coletivas, constituindo assim um elemento dificultador da proteção dos direitos de grupos.
38. GRISA JUNIOR, Cesar Jackson. A moralidade no controle da discricionariedade do ato administrativo. **Debates em Direito Público**, Belo Horizonte, v. 11, n. 11, out. 2012. Disponível em: <http://www.bidforum.com.br/bid/PDI0006.aspx?pdiCntd=81875>. Acesso em: 27 maio 2013. p. 7.
39. MARTINS JUNIOR, op. cit., p. 91.

A existência de um direito público subjetivo à moralidade administrativa, autonomamente considerada, já foi objeto de registro por Carmen Lúcia:

> A moralidade administrativa tornou-se não apenas um Direito, mas direito subjetivo público do cidadão: todo cidadão tem direito ao governo honesto. A moralidade administrativa é, pois, princípio jurídico que se espraia num conjunto de normas definidoras dos comportamentos éticos do agente público, cuja atuação se volta a um fim legalmente delimitado, em conformidade com a razão de Direito exposta no sistema normativo. Note-se que a razão ética que fundamenta o sistema jurídico não é uma "razão de Estado". Na perspectiva democrática, o Direito de que se cuida é legitimamente elaborado pelo próprio povo, diretamente ou por meio de seus representantes. A ética da qual se extraem os valores a serem absorvidos pelo sistema jurídico na elaboração do princípio da moralidade administrativa é aquela afirmada pela própria sociedade segundo as suas razões de crença e confiança em determinado ideal de Justiça, que ela busca realizar por meio do Estado.[40]

Para tal exegese não é dispensável considerar, ainda, a sede constitucional da previsão. É dizer, não se pode desprezar a natureza constitucional da previsão da moralidade administrativa, notadamente destacada da própria legalidade[41] no *caput* do capítulo que se refere à Administração Pública.

Desta observação topológica se deduz o tratamento especial que é dado à moralidade administrativa, de maneira a ficar evidente que o constituinte não a fez confundir com a legalidade, mas a tratou como um princípio específico e distinto, norteado não apenas pelo conceito da juridicidade, mas pela própria noção de moralidade como uma obrigação extranormativa, embora positivada.

---

40. ROCHA, Carmem Lúcia Antunes. **Princípios constitucionais da administração pública**. Belo Horizonte: Del Rey, 1994. p. 190-191.
41. Art. 37. A administração pública direta e indireta de qualquer dos Poderes da União, dos Estados, do Distrito Federal e dos Municípios obedecerá aos princípios de legalidade, impessoalidade, moralidade, publicidade e eficiência e, também, ao seguinte:

Aliás, a previsão constitucional da moralidade administrativa é elemento que, por si só, já depõe pela condição autônoma deste direito em face da legalidade. Trata-se da obrigação primordial de obediência à Constituição, consoante registrou José Afonso da Silva:

O Estado Democrático de Direito se rege por diversos princípios, além dos princípios da legalidade (art. 5º, II) e da divisão de poderes (art. 2º), presentes em qualquer forma de Estado de Direito. Têm, porém, relevos especiais o princípio democrático, já referido, e o *princípio da constitucionalidade*, que exprimem, em primeiro lugar, que o Estado se funda na legitimidade de uma constituição rígida, emanada da vontade popular, que, dotada de supremacia, vincule todos os poderes, e os atos deles provenientes, com as garantias de atuação livre da jurisdição constitucional. A importância disso, para o nosso tema, está em que a Constituição agasalha agora, também, o *princípio da moralidade*, amparado, assim, não por mero princípio da legalidade, mas pelo princípio mais elevado da constitucionalidade, que lhe dá a força vinculante superior que lhe é própria, com eficácia garantida por instrumentos constitucionais explícitos.[42]

Assim, entendida a própria moralidade administrativa como garantia constitucional em si mesma, outra conclusão não é possível senão a do entendimento de que referida garantia existe enquanto direito autônomo que, malgrado encontre elementos de aproximação com a ideia da legalidade, com esta não pode ser confundida.

4.3. MORALIDADE SOCIAL E MORALIDADE ADMINISTRATIVA

Indispensável o esclarecimento de que a moralidade administrativa não pode ser confundida com a moralidade social.

É bem verdade que aquilo que se entende por moralidade administrativa encontra certa relação com o que se entende por moralidade social, na medida em que as duas expressões traduzem noções afetas a uma pauta axiológica de moralidade. É dizer, quando há uma violação da moralidade administrativa há também uma violação do próprio sistema jurídico e de seus pressupostos, que também são morais:

---

42. SILVA, José Afonso da. **Poder constituinte e poder popular**. São Paulo: Malheiros, 2002. p. 127. (Estudos sobre a Constituição).

Por isso, sem dúvida, quando a Administração liberaliza na exceção à regra ou quando excede na prática da norma, outra coisa não faz senão romper com a unidade universal dos sistemas jurídicos, ou melhor, com a unidade dos pressupostos jurídicos que são morais. Uma vez que há em toda lei, como regra ou como norma obrigatória, um mandamento do legislador à Administração.[43]

A semelhança entre as expressões reside, mas também encontra seu limite, na premissa comum da existência de uma pauta moral. Dito de outra forma, embora ambas as expressões tratem de moralidade, seus conceitos são individualizados pelos respectivos vocábulos qualificadores (social e administrativa), que não podem ser ignorados, pois depõem sobremaneira pela distinção dos institutos.

Há que se ter em mente que nem todo valor moral reflete sua imagem no ordenamento jurídico. É dizer, a mera constatação de que alguns valores foram eleitos para integrar o sistema jurídico implica necessariamente a consequência de que outros valores deixaram de integrá-lo. O que significa dizer que a positivação jurídica é justamente um processo pautado na escolha de alguns valores sociais em detrimento de outros.

Ademais, até mesmo em razão da incomensurável diversidade dos valores que sustentam a moralidade social, existe uma série de pautas que são reciprocamente excludentes. Ou seja, a eleição de uma delas deve necessariamente significar a rejeição de outras, o que por si chega a impedir uma conclusão pela identidade dos referidos conceitos.

A moralidade social, então, deve ser entendida como uma expressão que traduz a ideia necessariamente plural dos valores sociais, éticos e religiosos, não necessariamente trazidos para a esfera do Direito. Já a da moralidade administrativa, por sua vez, deve ser entendida como aquele conjunto de valores sociais que foram eleitos para integrar o ordenamento jurídico e que traduzem instruções do trato com a coisa pública e a adoção de parâmetros comportamentais pelos agentes públicos:

---

43. FREITAS, Juarez. O princípio constitucional da moralidade e o novo controle das relações de administração. **Interesse Público IP**, Belo Horizonte, v. 10, n. 51, set./out. 2008 Disponível em: <http://www.bidforum.com.br/bid/PDI0006.aspx?pdiCntd=55453>. Acesso em: 27 maio 2013.

Cap. 4 • A MORALIDADE ADMINISTRATIVA

Em primeiro lugar o conceito de moralidade administrativa não se confunde com o conceito de moralidade social, vez que a segunda expressão tem pertinência a uma pauta de condutas conforme a valores sociais, éticos, religiosos, não necessariamente trazidos para a esfera do direito. [...]

A moralidade administrativa, ao contrário, diz respeito a pautas de condutas éticas, acolhidas pelo próprio Ordenamento Jurídico, como devidas, em primeiro lugar, no sentido do trato honesto da coisa pública, do respeito aos direitos dos administrados, e na vedação de conduta ardilosa do administrador.[44]

Aliás, a pluralidade dos valores que norteiam a moralidade social encontra uma diversidade tão grande que a identificação de seu respectivo "mandamento" em cada ocasião é muitas vezes tarefa de improvável sucesso. Em muitos domínios tais "mandamentos" podem ser, inclusive, largamente paradoxais.

Já a moralidade administrativa, por sua vez, embora se aproxime dessa problemática na medida em que não pode ser entendida como representativa de valores nunca colidentes, diferencia-se precipuamente pela possibilidade de identificação do respectivo "mandamento", notadamente pela jurisprudência dos tribunais, em decisões que ela própria estabelece, mas que também servem de exemplo conformador:

> Só algumas das denominadas «cláusulas gerais» contêm algo como uma remissão a normas extrajurídicas, dadas noutro lugar; assim, por exemplo, os bons costumes remetem para a moral social que é em cada caso reconhecida. No entanto, o que a moral social, que é em cada caso dominante, exige nesta ou naquela situação é, por seu turno, nas mais das vezes, difícil de determinar; as concepções sobre o que é, ou já não é, moralmente permitido são hoje, em muitos domínios, largamente discrepantes. A jurisprudência dos tribunais, por seu lado, não só passou há muito a medir a «moral social dominante» segundo as pautas de valor fundamentais do ordenamento jurídico, em especial da Constituição, como concre-

---

44. BEZNOS, Clovis. Considerações em torno da lei de improbidade administrativa. **Revista da Procuradoria Geral do Município de Belo Horizonte RPGMBH**, Belo Horizonte, v. 2, n. 4, jul./dez. 2009. Disponível em: <http://www.bidforum.com.br/bid/PDI0006.aspx?pdiCntd=63481>. Acesso em: 27 maio 2013. p. 2.

tiza, consequentemente, a pauta, atendendo a pautas de valoração especificamente jurídicas, que ela própria estabelece em decisões que servem de exemplo.[45]

A possibilidade de delimitação conceitual e a identificação do "mandamento" determinado pela moralidade administrativa, todavia, será objeto de tópico próprio. Por enquanto, para a finalidade deste tópico, é bastante a compreensão de que moralidade social não é conceito que se possa confundir com a moralidade administrativa, sendo o pertencimento ao ordenamento jurídico o principal elemento de distinção entre os conceitos.

4.4. MORALIDADE ADMINISTRATIVA E PROBIDADE ADMINISTRATIVA

É de se observar que os exatos contornos da distinção conceitual entre a moralidade administrativa, quando em cotejo com a probidade administrativa, não encontram unanimidade doutrinária. Aliás, sequer é consenso a própria existência da referida distinção, havendo quem encontre idênticos significados nas duas expressões.

Luiz Alberto Ferracini é voz exemplificativa daqueles que encontram na ideia de moralidade administrativa um mero sinônimo da probidade administrativa. Segundo o referido autor, "*Entende-se por ato de improbidade má qualidade, imoralidade, malícia. Juridicamente, lega-se ao sentido de desonestidade, má fama, incorreção, má conduta, má índole, mau caráter*"[46].

Flávio Sátiro Fernandes, por sua vez, já enxerga distinção entre os conceitos. O autor estabelece uma relação de gênero/espécie entre os dois conceitos, situando a moralidade administrativa como espécie do gênero probidade administrativa. Dito de outra forma, para o autor, todo ato de imoralidade administrativa é ato de improbidade administrativa, mas podem existir atos de improbidade administrativa que não constituam imoralidade administrativa:

---

45. LARENZ, Karl. **Metodologia da ciência do direito**. 3. ed. Tradução de José Lamego. Lisboa: Fundação Calouste Gulbenkian, 1997. p. 407.
46. FERRACINI, Luiz Alberto. **Improbidade administrativa**. Rio de Janeiro: Julex. 1997. p. 16.

Probidade administrativa contém a noção de moralidade administrativa, ou seja, é conceito amplo, de modo a abarcar em si o conceito de moralidade administrativa. [...] Em suma, podemos dizer que todo ato contrário à moralidade administrativa é ato configurador de improbidade. Porém, nem todo ato de improbidade administrativa representa violação à moralidade administrativa.[47]

Maurício Antônio Ribeiro Lopes, contudo, ensina no sentido diametralmente oposto. O autor também estabelece uma relação de gênero/espécie entre os dois conceitos, mas, de maneira antagônica, defende que a moralidade administrativa é conceito que engloba a ideia de probidade administrativa:

> O dever de probidade decorre diretamente do princípio da moralidade que lhe é superior pelo maior grau de transcendência que os princípios têm em relação aos deveres. Pode-se dizer que a probidade é uma das possíveis formas de externação da moralidade. [48]

Ainda em uma quarta linha de possibilidade está o posicionamento de José Afonso da Silva. Este autor abdica de estabelecer uma relação de gênero/espécie entre os conceitos, passando a uma distinção que leva em consideração mais as repercussões práticas do ato. É dizer, o ato de imoralidade administrativa, quando qualificado pela existência de dano, deve passar a ser chamado de ato de improbidade. Nas palavras do aludido professor, "[...] *a improbidade diz respeito à prática de ato que gere prejuízo ao erário público em proveito do agente. Cuida-se de uma imoralidade administrativa qualificada pelo dano ao erário e correspondente vantagem ao ímprobo*"[49].

Uma quinta e distinta possibilidade hermenêutica é o posicionamento de Juarez Freitas. A distinção estabelecida por este autor se aproxima do conceito anterior (José Afonso da Silva), na medida em

---

47. FERNANDES, Flávio Sátiro. Improbidade administrativa. **Revista de Informação Legislativa**, Brasília, DF, n. 136, out./dez. 1997. Disponível em: <http://www2.senado.leg.br/bdsf/bitstream/handle/id/296/r136-09.pdf?sequence=4>. Acesso em: 20 ago. 2014. p.103.

48. LOPES, Maurício Antônio Ribeiro. Ética e administração pública. São Paulo: Revista dos Tribunais, 1993. p. 58

49. SILVA, José Afonso da. **Curso de direito constitucional positivo**. 25. ed. São Paulo: Malheiros, 2005. p. 386.

que abdica de estabelecer qualquer relação de gênero/espécie entre os conceitos, mas se afasta ao não vincular a existência de improbidade administrativa à existência efetiva de dano ao erário.

Segundo esta definição, a probidade é subprincípio que decorre da moralidade administrativa, mas qualquer ato de imoralidade administrativa deve também ser considerado ato de improbidade administrativa, uma vez que a violação à moral positivada é danosa em si mesma, devendo ser coibida, ainda que não se vislumbre a existência de outros danos materiais.

> [...] ainda quando não se verifique o enriquecimento ilícito ou o dano material, a violação do princípio da moralidade pode e deve ser considerada, em si mesma, apta para caracterizar a ofensa ao subprincípio da probidade administrativa, na senda correta de perceber que o constituinte quis coibir a lesividade à moral positivada, em si mesma, inclusive naqueles casos em que se não se vislumbram, incontrovertidos, os danos materiais[50]

Trata-se de distinção que se dá mais pela função instrumentalizadora da probidade em relação à moralidade do que por algum tipo de distanciamento teórico dos institutos. Ou seja, todo ato de improbidade administrativa em certa medida também é um ato que malfere a moralidade administrativa (e a recíproca é verdadeira), diferenciando-se este daqueles apenas pela perspectiva repressiva dos primeiros.

Destarte, um ato de improbidade administrativa é também um ato de imoralidade administrativa pela circunstância de que a probidade é decorrente da própria moralidade. Por outro lado, os atos de imoralidade administrativa também devem ser considerados atos de improbidade administrativa uma vez que o malferimento à moralidade administrativa significa, necessariamente, um dano jurídico, ainda que não patrimonial.

Essa perspectiva foi bem elucidada por Wallace Paiva Martins Junior:

---

50. FREITAS, Juarez. Do princípio da probidade administrativa e sua máxima efetivação. **Revista de Informação Legislativa**, Brasília, DF, v. 33, n. 129, p. 51-65, jan./mar. 1996. p.55. Disponível em: <http://www2.senado.leg.br/bdsf/bitstream/handle/id/176382/000506399.pdf?sequence=1>. Acesso em:

[probidade administrativa] é, efetivamente, decorrência do princípio da moralidade administrativa e informado pelos mesmos valores que incidem neste. [...] A probidade administrativa tem uma função instrumentalizadora da moralidade administrativa e, no aspecto repressivo, significa a imoralidade administrativa qualificada ou agravada pelo resultado (mas, não na dimensão dada por José Afonso da Silva), que pode ser qualquer uma das três espécies indicadas na Lei Federal nº 8.429/92 (enriquecimento ilícito, lesão ao erário e atentado aos princípios da administração pública), pois que abrange o dano contra valores morais (não patrimoniais) da administração pública.[51]

A despeito de toda a controvérsia, é interessante perceber que, por qualquer que seja a perspectiva, é insofismável a inerente relação conceitual existente entre os institutos. É dizer, todas as definições assumem algum tipo de relação mais ou menos próxima de identificação conceitual.

De todo modo, importa registrar a adoção neste trabalho desta última elaboração conceitual. É dizer, para a finalidade de compreensão deste trabalho deve ser fixado que, embora probidade e moralidade administrativa não tenham conceitos jurídicos sinônimos, a diferença entre eles não reside na ausência de identidade entre os atos/fatos ímprobos, mas apenas na perspectiva instrumentalizadora da probidade em relação à moralidade.

4.5. A MORALIDADE ADMINISTRATIVA E SEU PROCESSO CONTÍNUO DE DELIMITAÇÃO CONCEITUAL

A acepção da moralidade administrativa, enquanto conceito afeto ao fenômeno jurídico, é um significado que carece de preenchimento pelo intérprete. A mera menção ao termo, dissociada de algum elemento contextualizador ou delimitador, é atitude predisposta a fomentar dificuldade de comunicação.

O preenchimento do que pode vir a ser o conteúdo da moralidade administrativa, por sua vez, depende, em certa medida, de uma pauta externa que compreenda (embora não se limite) e se

---

51. MARTINS JUNIOR, op.cit. p. 103.

molde pelo entendimento do que vem a ser também a legalidade, a moralidade social e mesmo a probidade administrativa. Noutras palavras, a compreensão aprimorada do conceito de moralidade administrativa depende de alguma maneira do entendimento que se faz a respeito das respectivas aproximações e dos traços distintivos com os demais conceitos subjacentes.

Ocorre que todos estes conceitos são também pautas valorativas passíveis de certo subjetivismo. Tal circunstância, todavia, não pode ser encarada como óbice à compreensão do instituto. Isso porque tanto a moralidade quanto os aludidos conceitos subjacentes, conquanto possuam abertura hermenêutica para certo subjetivismo, não são em si desprovidos de um significado próprio mínimo. É dizer, não obstante a abstração subjetivista inerente aos referidos termos, cada qual possui um significado mínimo que, muito embora esteja em constante formação/mutação, pode ser reconhecido tanto pela tradição, como pela consciência geral dos membros da comunidade jurídica.

Essa dificuldade relativa às pautas que carecem de preenchimento valorativo (mas também a possibilidade de seu preenchimento) foram objeto de comentário de Karl Larenz, que resumiu o problema no seguinte trecho:

> A necessidade de um pensamento «orientado a valores» surge com a máxima intensidade quando a lei recorre a uma pauta de valoração que carece de preenchimento valorativo, para delimitar uma hipótese legal ou também uma conseqüência jurídica. Tais pautas são, por exemplo, a «boa-fé», uma «justa causa», uma «relação adequada» (de prestação ou contraprestação), um «prazo razoável» ou «prudente arbítrio». Tais pautas não são, por assim dizer, pura e simplesmente destituídas de conteúdo; não são «fórmulas vazias pseudonormativas» que seriam compatíveis com todas ou quase todas as formas concretas de comportamento e regras de comportamento». Ao invés, contêm sempre uma idéia jurídica específica que decerto se subtrai a toda a definição conceptual, mas que pode ser clarificada por meio de exemplos geralmente aceitos. Estas pautas alcançam o seu preenchimento de conteúdo mediante a consciência jurídica geral dos membros da comunidade jurídica, que não só é cunhada pela tradição, mas

que é compreendida como estando em permanente reconstituição.⁵²

O desenvolvimento interpretativo do fenômeno jurídico, neste momento, encontra dificuldade no elemento subjetivo. Essa dificuldade, todavia, tanto está presente nas discussões teóricas e acadêmicas, quanto na própria formulação dos conceitos jurídicos pelos legisladores.

A tarefa jurídica de regulamentação de um fato da vida pelo órgão legiferante encontra, então, na resolução dessa dificuldade, dois caminhos possíveis. O primeiro caminho consiste na opção de fixar um conceito que delimite a situação fática, delineando de forma precisa os contornos característicos do instituto. Já o segundo caminho aponta para o sentido oposto e consiste em abdicar dessa tentativa de estabelecer um conceito preciso, esclarecendo o que se pretende mediante a indicação de paradigmáticos exemplos, responsáveis por evidenciar os traços distintivos do instituto que se pretende regular.

Essas duas possibilidades são mencionadas por Karl Larenz:

> O legislador que empreende a regulação de um facto da vida tem em regra a opção de delimitar a situação fáctica tida em vista ou mediante a fixação de notas características delineadas de modo tão nítido quanto possível, e vistas como imprescindíveis e acabadas, por via conceptual, portanto, ou por meio da designação de um tipo, que ele pode esclarecer mediante a indicação dos traços distintivos tidos por paradigmáticos com exemplos.⁵³

Esta circunstância não passou despercebida pelo legislador brasileiro. Para fins de proteção da moralidade administrativa, estabeleceu-se na Lei federal 8.429/1992 (Lei de Improbidade Administrativa) uma série de atos aptos a ensejar malferimento à moralidade administrativa⁵⁴. É dizer, para fins de orientação a respeito do que deve ser enten-

---

52. LARENZ, op. cit., p. 310-311.
53. ibid. p. 309.
54. A título exemplificativo, menciona-se o art. 9º II - perceber vantagem econômica, direta ou indireta, para facilitar a aquisição, permuta ou locação de bem móvel ou imóvel, ou a contratação de serviços pelas entidades referidas no art. 1º por preço superior ao valor de mercado; o art. 10º IV - permitir ou facilitar a alienação, permuta ou locação de bem integrante do patrimônio de qualquer das entidades referidas no art. 1º desta lei, ou ainda a prestação de serviço por parte delas, por

dido por moralidade administrativa, o legislador optou pelo estabelecimento de diversas condutas indesejáveis, representativas de paradigmáticos exemplos, mas cujos traços distintivos teriam o condão de orientar e evidenciar a delimitação conceitual que se pretendia a respeito da moralidade administrativa.

A opção legislativa pelo caminho dos exemplos, em detrimento do estabelecimento de um conceito prévio e estanque, é uma solução óbvia quando considerada a característica de perene transformação que envolve os valores adjacentes à formação do conceito de moralidade administrativa.

A aplicação concreta do conceito da moralidade administrativa, todavia, mesmo carecedora de preenchimento valorativo subjetivista, é fenômeno que precisa ultrapassar a questão da dificuldade conceitual, devendo encontrar solidez nos traços distintivos dos exemplos, aliados à constatação da reiteração de casos análogos.

É dizer, o processo de formação conceitual dos atos que se conformam (ou não) com aquilo que se entende juridicamente por moralidade administrativa é fenômeno que se dá pelo enriquecimento de conteúdo conceitual, o que ocorre através da reiteração de casos.

Sobre este processo é válido mencionar o seguinte ensinamento:

> No que concerne às pautas carecidas de preenchimento valorativo, torna-se claro, com particular nitidez, que a sua «aplicação» exige sempre a sua concretização, quer dizer, a determinação ulterior do seu conteúdo, e esta por seu lado retroage à «aplicação» da pauta em casos futuros semelhantes, pois que cada concretização (alcançada) serve de caso de comparação e torna-se assim ponto de partida para concretizações ulteriores. A pauta é «concretizada» no julgamento do caso em que o julgador a reconheça como «aplicável» ou «não aplicável». Neste processo de concretização mediante julgamento de casos, a pauta é enriquecida no seu conteúdo e assim desenvolvida.[55]

---

preço inferior ao de mercado; e o art. 11 III - revelar fato ou circunstância de que tem ciência em razão das atribuições e que deva permanecer em segredo;
55. LARENZ, op. cit, p. 311-312.

Releva ainda destacar que este fenômeno de enriquecimento conceitual é caracterizado pela reciprocidade. Dito de outra forma, o caminho da delimitação conceitual não se desenvolve exclusivamente no sentido da aplicação concreta para o processo de formação da ideia conceitual. Ao revés, a aplicação da ideia abstrata nos casos concretos tanto orienta o processo de formulação do conceito abstrato, quanto este, por sua vez, conforma o desenvolvimento dos casos concretos; tudo isso num círculo perene de reinterpretação.

Karl Larenz explica com propriedade esta característica de formulação conceitual pela reciprocidade de enriquecimento:

> Aqui salta de novo à vista que o processo de pensamento não se desenvolve em uma só direcção, mas num sentido recíproco, a saber: por um lado, das idéias jurídicas gerais aos casos que hão-de ser julgados em conformidade com elas; por outro lado, a partir destes, através dos casos típicos e idéias jurídicas mais especiais, ao princípio geral. Embora nenhum caso singular seja igual a outro em todos os aspectos, muitos casos assemelham-se a outros no que toca a certas características e em determinada medida.[56]

Em suma, a moralidade administrativa é um conceito a ser densificado nos casos concretos. Não obstante a existência de previsões normativas e precedentes orientadores, uma formulação conceitual estanque é incompatível com a própria natureza mutável do instituto. Sua delimitação conceitual deve, assim, encontrar o significado tanto pela historicidade da compreensão da comunidade jurídica, como pelo enriquecimento conceitual recíproco e cíclico da interpretação doutrinária e jurisprudencial.

---

56. LARENZ, op. cit., p. 411.

CAPÍTULO 5
DA LEGITIMIDADE DA DEFENSORIA PÚBLICA PARA A TUTELA JURISDICIONAL DA MORALIDADE ADMINISTRATIVA

A problemática que envolve a legitimidade da Defensoria Pública para a tutela da moralidade administrativa é certamente uma questão bem recente dentro da ordem jurídica nacional. É certo que esse caráter juvenil do questionamento não ocorre por mero acaso, mas nem por isso essa característica de novidade pode ser encarada como supedâneo para, abruptamente, responder negativamente à questão da legitimidade defensorial.

É que uma resposta abrupta tende a ser irrefletida e, ao dialogar acriticamente com o senso comum teórico, a resposta irrefletida tem a tendência de turvar a razão, impedindo que se faça um raciocínio mais completo, dentro do qual se exigiria tempo e disposição suficientes para sopesar as ponderações apresentadas (e até então desconhecidas pelo interlocutor).

Para responder à questão formulada é necessário ter em mente que questionamentos jurídicos surgem à medida que vão surgindo as próprias demandas que lhes dão causa, sendo certo, portanto, que a explicação da contemporaneidade do questionamento aqui apresentado é seguramente muito mais atrelada à própria juventude da Defensoria Pública, enquanto instituição, do que propriamente ao mérito do questionamento proposto.

Não se ignora que, no Brasil, mesmo antes das defensorias, já existiram alguns servidores públicos voltados à assistência judiciária, alguns dos quais com vinculação funcional às Procuradorias Jurídicas Estaduais[57], e mesmo outros vinculados ao próprio Ministério Público[58]. Nenhum deles, contudo, e é bom que se ressalve, possuíam a envergadura, as responsabilidades ou os contornos sequer semelhantes aos que foram atribuídos à novel Defensoria Pública pela nova realidade constitucional.

Assim é que, inexistindo anteriormente qualquer instituição que sirva de parâmetro, não era de se esperar que tivessem sido levadas a cabo iniciativas que fizessem surgir os mesmos questionamentos que atualmente surgem em razão da contemporânea atuação cotidiana das Defensorias Púbicas. O questionamento é novo, portanto, na medida em que é também nova a própria Defensoria Pública.

É talvez da mesma jovialidade da instituição que também deriva a maior parte das dúvidas e questões que permeiam a discussão aqui travada. Com o fito de elucidar essas suspeitas é que se realiza o estudo dos tópicos seguintes.

5.1 A TUTELA DA MORALIDADE ADMINISTRATIVA É ATRIBUIÇÃO NATURAL E EXCLUSIVA DO MINISTÉRIO PÚBLICO?

Talvez a primeira questão que surge como possível entrave à resposta positiva para a legitimidade da Defensoria para a tutela da moralidade administrativa é a ideia arraigada no senso comum teórico dos juristas de que o guarda natural da moralidade administrativa seria o Ministério Público.

Trata-se de questionamento bastante presente e que certamente advém da forte e constante presença do *parquet* na atuação como titular da ação penal ou em ações de improbidade administrativa. É dizer, não se passa uma quinzena sem que se escute ou se leia, em alguma notícia da grande mídia, denúncia criminal oferecida pelo Ministério Público,

---

57. SÃO PAULO. Lei Complementar n. 478, de 18 de julho de 1986. Artigo 2.º - A Procuradoria Geral do Estado, órgão integrante da Secretaria da Justiça, tem, com fundamento nos artigos 48 a 51 da Constituição do Estado, as seguintes atribuições: XV - prestar assistência judiciária aos necessitados; [...].
58. BRASÍL. Lei 3.434, de 20 de julho de 1958. Art. 1º São os órgãos do Ministério Público do Distrito Federal: VII - os Defensores Públicos.

acusando judicialmente algum gestor por algum tipo de malversação de dinheiro público.

Traçar a imagem da instituição a partir dessas notícias divulgadas sobre sua atuação é algo um tanto previsível, mas ao estudioso do Direito cabe um pouco mais de precisão jurídica do que aquela adquirida em reportagens midiáticas.

Pois, sim, que o Ministério Público vem atuando com frequência em ações de controle da moralidade administrativa não se questiona. Sua legitimidade para tanto já se encontra inclusive remansosamente reconhecida na jurisprudência. A pergunta a se fazer é outra: será que disso decorre necessariamente a conclusão de que essa instituição deteria para si algum tipo de atribuição inata para essa tutela? Dito de outra forma: é correto concluir, pela simples constatação de atuação constantemente na área, que seria realmente o Ministério Público a instituição com atribuição natural para a tutela da moralidade administrativa?

A resposta perpassa necessariamente uma observação histórica relacionada à constituinte brasileira de 1988. É curioso observar que, naquele contexto, inexistia essa associação umbilical entre a tutela da moralidade administrativa e a atuação do órgão ministerial. Tanto é assim que, na formatação jurídico-institucional do Estado, diversas foram as propostas que intentaram a criação de um órgão estatal especificamente destinado ao controle da administração pública.

Referida circunstância não deve ser ignorada, pois é possível concluir, deste fato, que o constituinte não partiu do pressuposto de que o controle da administração pública seria atuação inerente ao *parquet*, motivo pelo qual cogitou a criação de um aparato estatal especificamente destinado a tal intento, "[...] *a fim de promover um controle da administração mais eficaz e acessível ao povo*"[59].

Essa circunstância se revela, com bastante precisão, no art. 56 do anteprojeto de Constituição, elaborado pela comissão presidida à época pelo Prof. Afonso Arinos, do qual constava o seguinte dispositivo:

> Art. 56 – É criado o Defensor do Povo, incumbido, na forma da lei complementar, de zelar pelo efetivo respei-

---

[59]. AMARAL FILHO, Marcos Jordão Teixeira do. Defensor do povo: entre o modismo e a necessidade. **Folha de São Paulo**, São Paulo, 13 nov.1987.

to dos poderes do Estado aos direitos assegurados nesta Constituição, apurando abusos e omissões de qualquer autoridade e indicando aos órgãos competentes as medidas necessárias à sua correção ou punição.[60]

Tratou-se de iniciativa que intentava incluir o Brasil no cenário político internacional pela inserção do *ombudsman* como instrumento de controle da administração pública e de garantia das liberdades individuais do cidadão.

A bem da verdade, a despeito do nome, referido dispositivo não tratava exatamente da Defensoria Pública tal qual a que temos atualmente (até porque ela inexistia no cenário jurídico da época), mas a aproximação da nomenclatura não deve ser ignorada, uma vez que é reveladora da aproximação dos objetivos institucionais no que concerne à proteção e defesa do cidadão.

De todo modo, por questões políticas da época, o anteprojeto da Comissão presidida pelo professor Afonso Arinos (ou Comissão Provisória de Estudos Constitucionais, como também era chamada) sequer foi enviado formalmente ao Congresso Nacional, o que impossibilitou a aprovação do dispositivo, mas não a discussão sobre seu conteúdo. Isso porque houve ainda uma tentativa ressuscitada por emenda proposta pela deputada Raquel Capiberibe, do PMDB do Amapá, que propôs novamente a criação do "defensor do povo" em nosso país[61].

De tudo isso, o importante é perceber que o pensamento atual não esteve sempre presente, uma vez que a tutela da moralidade administrativa não esteve sempre prevista como atribuição do *parquet*, tendo sido a ele atribuída por uma mera conveniência política da época. Ou seja, a associação hoje bastante presente entre o Ministério Público, enquanto instituição, e o controle da Administração Pública é elemento construído e não intrínseco à natureza da instituição ministerial.

---

60. BRASIL. Senado. Comissão Provisória de Estudos Constitucionais. **Anteprojeto constitucional**. Brasília, DF, 1985. Elaborado pela comissão instituída pelo Decreto n. 91.450, de 18 de julho de 1985. Disponível em: <http://www.senado.gov.br/ publicacoes/anais/constituinte/AfonsoArinos.pdf > Acesso em: 5 ago. 2014.

61. AMARAL FILHO, Marcos Jordão Teixeira do. **O ombudsman e o controle da administração**. São Paulo: Edusp; Ícone, 1993. p. 117.

Dito de outro modo, a atual incumbência institucional do Ministério Público para o controle da administração pública é fruto muito mais das forças de *lobbies* políticos da época do que de qualquer outro fator.

Tal é como registrou o professor Marcos Amaral:

> Contra a criação do ombudsman brasileiro, levantaram-se poderosos *lobbies* corporativos, do Tribunal de Contas da União e do Ministério Público, munindo seus adversários com inúmeros argumentos, desde ônus de se criar mais um cargo no país até a afirmação de que o controle jurisdicional possibilita maiores garantias aos cidadãos.
>
> A pressão exercida por setores da opinião pública e a experiência do Codici (Conselho de Defesa dos Direitos do Cidadão) e do ouvidor-geral curitibano não foram suficientes para o convencimento dos nossos constituintes, muitos dos quais egressos do próprio Ministério Público ou identificados, de alguma forma, com os interesses da administração, representantes que são de verdadeiras categorias do nosso funcionalismo público.[62]

A influência dos *lobbies* políticos no processo de formação dessa escolha de atribuir a função de controle da administração pública ao Ministério Público também não passou despercebida ao professor Carlos Bruno Ferreira da Silva:

> Nessa absorção da função pelo Ministério Público em detrimento da Defensoria do Povo, é inegável a importância da figura do então Procurador-Geral da República e atual ministro do STF, José Paulo Sepúlveda Pertence, que, integrante da Comissão de Estudos Constitucionais, empenhou-se em definir o texto referente ao Ministério Público. A "Proposta Pertence", referendada na chamada "Carta de Curitiba" que surgiu do 1º Encontro Nacional de Procuradores-Gerais de Justiça e Presidentes das Associações de Ministério Público, foi tão influente que, propulsionada pelo eficiente e coeso *lobby* dos promotores, serviu quase *in totum* para a feitura do texto final, embora tivesse sofrido várias mudanças na supracitada comissão.
>
> Sob um olhar sociológico, podemos analisar que os dois fatores principais que influenciaram a extirpação do "Defensor do Povo" do texto final foram, ao lado da já citada

---

62. Idem.

influência dos juristas com interesse sobre o tema, as condições sócio políticas brasileiras.

[...] evidentemente, a existência de um grupo de pressão influente e bem organizado, capitaneado por uma alta autoridade da República, produziu um grande efeito sob os trabalhos constituintes. Não obstante, devemos atribuir crédito também à postura histórica das elites brasileiras de "efetuar a revolução antes que o povo a faça" na configuração do texto final. Aliado ao caráter naturalmente paternalista do Estado Brasileiro, era muito mais cômodo se adaptar para as aberturas naturais no controle da Administração Pública numa democracia através de um órgão que comumente tinha estado sob influência da vontade do chefe do Poder Executivo do que através de uma nova estrutura que tinha como pressuposto da sua constituição a participação popular diretamente na sua atuação.[63]

Tal conjuntura não deve ser ignorada, pois é reveladora da circunstância de que a atribuição da responsabilidade do controle da administração pública ao *parquet* não foi consequência de algum tipo de reconhecimento de uma suposta aptidão inata para o exercício dessa importante função. Ao contrário, revela com certa convicção que o posicionamento adotado não passou de opção legislativa determinada por forças políticas da época.

E com tal conclusão não se está a defender qualquer diminuição de atribuição ou restrição à atuação do *parquet*, mas, apenas, a esclarecer que se tratou de uma escolha. Mais precisamente registrar que, por força desses *lobbies,* evitou-se a criação de uma instituição com a finalidade específica de controle da administração pública e que tivesse como pressuposto da sua constituição a participação popular diretamente na sua atuação.

Naturalmente que a instituição do Ministério Público não detém o mesmo perfil que se queria atribuir à Defensoria do Povo. A participação popular, a defesa de direitos individuais e o acesso aos desvalidos

---

63. SILVA, Carlos Bruno Ferreira da. Defensor do povo: contribuições do modelo peruano e do instituto romano do *Tribunado da plebe*. **Revista de Doutrina,** Porto Alegre, 18 jul. 2005. Disponível em: <http://www.revistadoutrina.trf4.jus.br/index.htm?http://www.revistadoutrina.trf4.jus.br/artigos/edicao007/carlos_silva.htm > Acesso em: 5 ago. 2014.

são elementos sobremaneira distintivos dessas instituições, de modo que é forçoso indagar se de fato foi acertado optar pela absorção da função que seria atribuída à Defensoria do Povo por essa instituição.

Aliás, a constante coincidência entre o cidadão necessitado da atuação do controle da administração pública com o acusado no processo penal é elemento decisivo a ser considerado nessa ponderação. É dizer, existiria congruência em atribuir ao mesmo órgão a responsabilidade de ser, ao mesmo tempo, o braço repressor do Estado na acusação criminal e também o braço protetor daquele mesmo cidadão contra os abusos estatais?

Essas observações sobre a conveniência da intromissão do Ministério Público nessa linha de atuação restaram bem resumidas no seguinte estudo:

> Todavia uma análise mais ampla revela que a figura do Defensor do Povo tem outras características que lhe conferem um perfil diverso daquele do Ministério Público.
>
> [...]
>
> O Ministério Público, notadamente o estadual, não possui, conforme se observa na realidade atual brasileira, a cultura de acesso dos desvalidos que permita pôr essa instituição em prol dos excluídos. Ademais a constante coincidência do necessitado do "defensor do povo" com o freqüente réu no processo penal cria um natural distanciamento ao exercício de ambas as funções, com predomínio, por certo, da repressiva. Evidência disto são os costumeiros abusos policiais e nas prisões, sempre seguidos de condenações nos relatórios nas comissões de direitos humanos da ONU.[64]

Toda essa celeuma leva, no mínimo, a uma inquietação sobre o real papel do Ministério Público nesse cenário. A despeito da consagrada legitimidade no controle da moralidade na administração pública, talvez o *parquet* não seja a instituição mais adequada para a proteção do cidadão contra os desmandos e imoralidades do próprio Estado.

Trata-se de inquietação bastante apropriada, considerando que grande parte das violações de direitos praticadas pelo Estado ocorre justamente em razão da própria persecução criminal, a exemplo das

---

64. SILVA, C.B.F. da., op. cit.

práticas de tortura, colheita de provas ilícitas, invasões de domicílio, entre outros. Analisando a questão por este ângulo, é por demais aterrador perceber que o mesmo órgão titular da ação penal é, concomitantemente, o responsável pela defesa do cidadão.

Pior ainda é a constatação revelada pela práxis forense de que tais práticas atentatórias, violadoras das garantias individuais do cidadão, são muitas vezes utilizadas como embasamento da própria denúncia penal, ocasião em que fatalmente se verifica certa chancela do titular da ação penal que, no caso, realizou a atividade repressiva de acusador estatal, em detrimento da realização da atividade de proteção do cidadão contra os desmandos do poder público.

Essa preocupação foi registrada com bastante lucidez por Felipe Kirchner e Patrícia Kettermann:

> Veja-se que constantes violações aos direitos humanos são praticadas pelo Estado exatamente na consecução da tarefa repressiva, do que é exemplo a atuação policial violadora das garantias individuais do cidadão (práticas de tortura, colheita de provas ilícitas etc.). Tais práticas atentatórias servem muitas vezes para embasar a própria denúncia na ação penal, sendo então chanceladas (ainda que indiretamente ou por omissão) pelo acusador estatal, que em verdade concretiza a pretensão punitiva do Leviatã, e não a defesa do interesse social, premissa que se torna absolutamente sofismática no cotidiano do discurso forense.[65]

Vale registrar que essa constatação não é tão inovadora no cenário jurídico internacional, uma vez que já se realizou como episódio histórico em outras realidades constitucionais. A título exemplificativo, é possível citar o Peru que, na Constituição de 1993, resolveu retirar o Ministério Público do cerne do controle da administração pública, criando um organismo especificamente destinado a tal finalidade: a *Defensoria del Pueblo*[66].

---

65. KIRCHNER, Felipe; KETTERMANN, Patrícia. A legitimidade da defensoria pública para o manejo de ação civil pública por ato de improbidade administrativa. **Revista dos Tribunais**, São Paulo, v. 929, mar. 2013. p. 28.

66. *Artículo 162º. Corresponde a la Defensoría del Pueblo defender los derechos constitucionales y fundamentales de la persona y de la comunidad; y supervisar el cumplimiento de los deberes de la administración estatal y la prestación de los servicios* públicos a

Assim, na realidade constitucional peruana é a *Defensoria del Pueblo* o órgão responsável por supervisionar o cumprimento dos deveres da administração pública e a prestação dos serviços públicos, além de lhe ter sido atribuída também a tarefa de zelar pela defesa dos direitos constitucionais e fundamentais do indivíduo e da comunidade.

A escolha sobre essa forma de repartição das atribuições constitucionais entre os órgãos não surgiu do mero acaso. A realidade constitucional anterior, na qual o *parquet* detinha tal atribuição, é que tinha se mostrado insuficiente, sendo que a nova opção se revelou como a que melhor atendia ao interesse constitucional de salvaguarda do direito dos cidadãos. Isso, principalmente, pela já registrada razão de ser demasiado inconsistente o fato de que o órgão titular da ação penal seja ao mesmo tempo também o responsável pela defesa do cidadão, deste fato podendo advir diversas violações aos direitos humanos.

Sobre o fenômeno que aconteceu na realidade peruana, é interessante citar Samuel Yupanqui:

> Tomados em conjunto, o trabalho do Ministério Público na função de Defensoria do Povo, salvo notáveis exceções destacadas e pontuais, e em que pese o entusiasmo de quem trabalhou na *Fiscalía Especial*, se demonstrou insuficiente ante as frequentes violações dos direitos humanos cometidas no país. Além disso, descobriu-se ser incongruente que o órgão estatal titular da ação penal - e, consequentemente, o responsável por acusar as pessoas - seja ao mesmo tempo também encarregado de defendê-las.
>
> Daí porque a Constituição de 1993 optou por modificar a situação anterior ao incorporar a Defensoria do Povo como órgão autônomo (artigos 161 e 162), dispondo que lhe compete "defender os direitos constitucionais e fundamentais da pessoa e da comunidade; e monitorar o cumprimento dos deveres da Administração e a prestação de serviços públicos aos cidadãos". Assim, ao Ministério Público já não é atribuída esta função. (tradução livre) [67]

---

la ciudadanía. El Defensor del Pueblo presenta informe al Congreso una vez al año, y cada vez que éste lo solicita. Tiene iniciativa en la formación de las leyes. Puede proponer las medidas que faciliten el mejor cumplimiento de sus funciones.

67. En su conjunto, la labor del Ministerio Publico en el de funciones de defensoria del pueblo, salvo puntuales y destacadas excepciones y pese al entusiasmo de quienes trabajaron en la Fiscalía Especial, fue insuficiente y quedo reba-

Por certo que a constatação de que o *parquet* não é a instituição mais adequada para o controle da administração pública não tem o condão de retirar-lhe essa atribuição. Nem haveria razão para tanto. Em muitos casos, a função repressiva do Ministério Público pode até coincidir com a tutela do interesse do cidadão em face da Administração Pública, o que justifica sobremaneira a manutenção absoluta da atribuição ministerial.

A constatação de que o Ministério Público não é instituição com atribuição inata para o controle da administração pública serve, contudo, para inserir no contexto deste estudo, a percepção de que podem existir outras instituições dotadas da mesma atribuição.

Aliás, a despeito do discurso majoritário que atribui ao órgão ministerial a legitimidade para esse controle, diante dos obstáculos descritos, é forçoso concluir que, para a proteção efetiva do cidadão, seria bem mais adequada a coexistência dessa atribuição ministerial com a atribuição de alguma instituição que tenha em sua formação o pressuposto da participação popular e de grupos sociais, a pauta da defesa de direitos individuais e o acesso aos desvalidos; função que no Brasil está bem mais representada pela Defensoria Pública.

Não é demais fazer notar que a estrutura do Ministério Público está muito mais voltada à repressão que à proteção de grupos sociais vulneráveis, sendo tal circunstância decorrente da atuação voltada muito mais à atividade repressiva do que à proteção dos cidadãos contra a violação dos direitos humanos. Não é de se espantar, uma vez que a

---

sada ante las frecuentes violaciones a los derechos humanos cometidas en el país. Es más, resultada incongruente que el órgano estatal titular de la acción penal – y en consecuencia de acusar a las personas – sea a la vez encargado de defenderlas. De ahi que la Constitución de 1993 haya optado razonablemente por modificar la anterior situación al incorporar a la Defensoria del Pueblo como órgano autônomo (artículos 161 y 162), disponiendo que lê corresponde 'defender los derechos constitucionales y fundamentales de la persona y de la comunidad; y supervisar el cumplimiento de los deberes de la administración estatal y la prestación de los serviços públicos a la ciudadanía', De esta manera, al Ministério Público ya no lê compete esta función. (YUPANQUI, Samuel B. Abad. El ombudsman o defensor del pueblo en la constitucion peruana de 1993: retos y limitaciones. **Boletín Mexicano de Derecho Comparado**, México, DF, n. 86, p. 402, 1996.)

instituição tem no seu nascedouro a titularidade da ação penal, nem sempre compatível com a tarefa protetiva.

O que torna a Defensoria Pública diferente nesse contexto é justamente a ausência dessa dicotomia na atuação da instituição. É dizer, a Defensoria Pública tem sua gênese na participação popular, estando intrinsecamente voltada para a pauta da defesa de direitos individuais e o acesso à justiça pelos desvalidos e pelos grupos sociais vulneráveis.

Outra não é a conclusão de Felipe Kirchner e Patrícia Kettermann:

> Verificando o atual estágio da estrutura do Ministério Público, por exemplo, se verifica que não possui a cultura de acesso dos desvalidos que permita pôr essa instituição em prol dos excluídos e dos grupos sociais vulneráveis, que inegavelmente são aqueles que mais sofrem com as constantes violações dos direitos humanos. Ademais, o legislador coerentemente anteviu que resultaria incongruente atribuir à instituição estatal que detém o monopólio da ação penal, com a função repressiva que envolve a acusação dos cidadãos, a atribuição de defender estes mesmos sujeitos no campo da violação dos direitos humanos. Dito de outra forma, esta reestruturação do nosso Estado Democrático de Direito promovida pelo legislador federal se deve ao natural distanciamento ao exercício de ambas as funções, com predomínio da atividade repressiva, dicotomia que inexiste no caso da Defensoria Pública, que está sempre voltada à garantia do acesso à justiça e a guarda das demais garantias fundamentais dos cidadãos.[68]

Em verdade, para concluir por esta resposta da cumulação de órgãos legitimados, talvez bastasse invocar a previsão contida no §1º do art. 129[69] da Constituição Federal de 1988, segundo o qual a legitimação do Ministério Público para as ações civis não impede a de terceiros. De todo modo, o importante é registrar que essa conclusão não representa, em nenhuma hipótese, qualquer diminuição de atribuições na atuação do órgão ministerial, sendo muito mais uma constatação que

---

68. KIRCHNER; KETTERMANN, op. cit.,p. 9.
69. Art. 129. § 1º - A legitimação do Ministério Público para as ações civis previstas neste artigo não impede a de terceiros, nas mesmas hipóteses, segundo o disposto nesta Constituição e na lei.

se aproxima da necessidade de uma pluralidade de legitimados do que alguma representação de uma pauta restritiva de legitimação.

Ademais, a eficácia na atuação do controle da administração pública é algo extremamente desejável, sendo de todo insensato e prestigiador da ineficiência qualquer raciocínio que tente pregar a legitimação exclusiva de um órgão estatal, seja ele qual for.

Sobre as benesses dessa pluralidade de legitimados merece destaque o seguinte ensinamento:

> O discurso majoritário noticia que a instituição mais legitimada para o combate da improbidade é o Ministério Público, ao ponto de alguns radicalizarem este pensamento, defendendo que esta seria a única instituição de Estado legitimada. Sem desconsiderar que o *Parquet* é realmente o guarda histórico do princípio republicano, e que em termos gerais tem uma estrutura material e de pessoal invejável, aqui deve ser mencionado que, nessa arena, Defensoria Pública e Ministério Público não apenas podem, mas realmente devem somar esforços na luta incansável pela apuração dos atos de improbidade administrativa e responsabilização dos agentes públicos ímprobos. Devem ser superadas as perspectivas institucionais monopolistas que desqualificam o discurso, vindo em prejuízo da sociedade brasileira, por fortalecerem a atuação dos agentes corruptos.[70]

O controle da moralidade na administração pública é demasiado importante, de maneira que, de todo o exposto, merece destaque a constatação de que nesta função devem ser evitados argumentos meramente corporativistas como aqueles que aventam uma suposta usurpação de função do *parquet* quando da atuação de outras instituições nesta seara.

Ademais, no sistema brasileiro de processo coletivo a regra é a legitimação disjuntiva e concorrente, pelo que a ampliação da legitimidade para o controle da administração pública em nada afeta as atribuições do órgão ministerial.

Acresça-se a isto ainda o conceito de que a atuação no controle de moralidade administrativa não deve ter como gatilho precípuo a repressão estatal. Não que a punição seja desnecessária, é bom que se

---

70. KIRCHNER; KETTERMANN, op.cit., p.10.

registre, mas a constatação de que a atividade repressiva frequentemente se sobressai em prejuízo da função protetiva deve passar a ser uma preocupação. Noutras palavras, é importante que o paradigma adotado passe a ser o da proteção do cidadão, mesmo que eventualmente em detrimento das algemas, o que só robustece o papel da Defensoria Pública nesse contexto.

5.2 A DEFENSORIA PÚBLICA PODE PROPOR A AÇÃO DE IMPROBIDADE ADMINISTRATIVA?

Uma das fundamentais consequências de se admitir a legitimidade irrestrita da Defensoria Pública para a tutela jurisdicional da moralidade administrativa é justamente possibilitar-lhe o ajuizamento de ação por ato de improbidade administrativa.

É bem verdade que a Lei de Improbidade Administrativa, conforme ensinado doutrinariamente, é de direito substancial, cujos preceitos são veiculados judicialmente pelo instrumental fornecido pela Lei da Ação Civil Pública. É dizer, uma Ação de Improbidade é uma Ação Civil Pública por Ato de Improbidade:

> Sob este prisma, tem-se que a Lei 8.429/1992 não deve ser interpretada isoladamente, posto que componente do microssistema de tutelas coletivas do nosso país. Isso se dá, essencialmente no plano instrumental, pelo fato de que a Lei 8.429/1992 não é uma norma de ritos, mas uma legislação substancial que enumera condutas (*contra legem*), definindo sua exegese e sanções.
>
> Assim, devido a conexão sistemática entre as Leis 7.347/1985 e Lei 8.429/1992, a ação civil pública é o instrumento adequado para a repressão dos atos de improbidade administrativa. [71]

Assim considerada a Ação de Improbidade, deveria ser despiciendo afirmar que, sedimentada a legitimidade da Defensoria para a propositura de Ação Civil Pública, por decorrência lógica imediata, a instituição também deveria ser considerada legitimada para a Ação de Improbidade. Tal raciocínio, embora insofismavelmente coerente, não é uníssono.

---

71. KIRCHNER; KETTERMANN, op. cit., p. 7.

O Promotor de Justiça Humberto Pinho, mesmo expressamente reconhecendo a legitimidade ampla da Defensoria Pública para o ajuizamento de ações coletivas que versem sobre todas as espécies de direitos transindividuais, é representativo de voz que ressalva a legitimidade da Defensoria quando se trata de ação de improbidade.

O raciocínio dele é fielmente sintetizado no seguinte trecho:

> Estamos em que, diante da previsão genérica no artigo inciso II do art. 5º da Lei nº 7.347/85, a Defensoria Pública estará legitimada para todas as matérias contempladas nas Leis acima referidas.
>
> A única exceção que poderá ser oposta diz respeito à matéria de improbidade administrativa, uma vez que a Lei nº 8.429/92 traz regra específica e restritiva a respeito do tema no artigo 16, que dispõe serem legitimados apenas o Ministério Público e a pessoa jurídica de direito público interno lesada.
>
> Quer me parecer que aqui, por se tratar de moralidade administrativa, com claros reflexos nas instâncias penal e, por vezes, eleitoral, a legitimidade deve ser mesmo mais restrita, constituindo-se em norma específica que não admite revogação por Lei posterior.[72]

O trecho citado resume, com precisão, que a conclusão pela ausência da legitimidade da Defensoria Pública para o ajuizamento da ação de improbidade se funda, basicamente, no argumento da inexistência de expressa previsão como legitimada na Lei nº 8.429/92, o que supostamente representaria um silêncio eloquente.

São duas, portanto, as principais alegações. A primeira se sustenta na própria ausência de expressa menção no rol de legitimados, concluindo que este fato, por si só, já constituiria óbice à legitimidade defensorial. A segunda, de ordem um pouco mais conjectural, calcula que a referida omissão teria sido intencional, concluindo que o suposto "silêncio eloquente" representaria a real *mens legislatoris,* na medida em

---

72. PINHO, Humberto Dalla Bernardina de. A legitimidade da defensoria pública para a propositura de ações civis públicas: primeiras impressões e questões controvertidas. **ADV Advocacia Dinâmica: Seleções Jurídicas,** jan., p.3-11, 2008. Disponível em: <http://www.humbertodalla.pro.br/arquivos/a_legitimidade_da_dp_para_propor_acp.PDF> Acesso em: 5 ago. 2014.

que "[...] *por se tratar de moralidade administrativa, com claros reflexos nas instâncias penal e, por vezes, eleitoral, a legitimidade deve ser mesmo mais restrita*".

Referidas observações merecem ser consideradas. De fato, a lei de improbidade administrativa não menciona a Defensoria Pública quando enumera o rol de legitimados para a sua propositura[73]. Resta, contudo, perquirir se de tal fato é possível concluir pela imediata resposta negativa à legitimidade defensorial. Quer dizer, a mera ausência de previsão expressa no texto da Lei 8.429/1992 deve mesmo levar à imediata conclusão de que a Defensoria Pública não estaria legitimada para o ajuizamento da Ação de Improbidade? Trata-se mesmo de rol exaustivo?

A resposta a esse questionamento deve necessariamente passar pela consideração que se faz ao sistema de processo coletivo brasileiro. No Brasil, não existe um código de processo civil coletivo, sendo pacífica a ideia de que o sistema de processo coletivo brasileiro deriva de uma interpretação agregadora de um apanhado de leis que, integradas entre si, formam o que se costumou chamar de Microssistema de Processo Coletivo.

Nesse referido microssistema, o Código de Defesa do Consumidor e a Lei da Ação Civil Pública se comunicam com o Estatuto da Criança e do Adolescente, com a Lei da Ação Popular e com a Lei de Improbidade, além de outras quaisquer que visem à tutela dos direitos de natureza transindividuais. E por "se comunicar" entenda-se a orientação de uma interpretação permeada no sentido de que, conquanto esparsas, estes instrumentos e institutos podem ser utilizados e integrados entre si da melhor maneira possível para proporcionar uma efetiva tutela dos interesses coletivos.

A interpretação permeada que orienta este mencionado microssistema foi deflagrada pelo Código de Defesa do Consumidor e pela Lei da Ação Civil Pública. Esses dois referidos diplomas legais têm importante função procedimental na tutela dos direitos transindividuais, na

---

73. Lei n. 8.429/1992. Art. 17. A ação principal, que terá o rito ordinário, será proposta pelo Ministério Público ou pela pessoa jurídica interessada, dentro de trinta dias da efetivação da medida cautelar.

medida em que são os estabelecedores do "rito ordinário" do processo coletivo. Assim é que, "[...] quando a Lei de improbidade administrativa refere no caput do art. 17 que 'terá rito ordinário' na verdade deve ser interpretado como o rito estabelecido pela junção do CDC com a LACP, pois se trata do microssistema do processo coletivo"[74].

Noutras palavras, sendo a Lei de improbidade uma norma de matéria substancial (e não uma lei de ritos), as regras processuais que se aplicam à Ação de Improbidade são as normas procedimentais estabelecidas pela Lei da Ação Civil Pública, integradas pelo Código de Defesa do Consumidor.

Posta esta circunstância, retorna-se à pergunta sobre se a ausência de previsão expressa no texto da Lei 8.429/1992 deve mesmo levar à imediata conclusão de que a Defensoria Pública não estaria legitimada para o ajuizamento da Ação de Improbidade. Mesmo do ponto de vista exclusivamente legal a resposta é negativa.

É que, conforme explanado, a lei de improbidade administrativa é norma de direito substancial que se subordina ao rito procedimental do processo coletivo, sendo relevante destacar que a Defensoria Pública encontra-se explicitamente prevista na norma procedimental (LACP) como entidade legitimada para iniciar o processo coletivo.

Dito de outra forma, a mera ausência de menção expressa da Defensoria Pública no rol de legitimados previstos na Lei 8.429/1992 não pode vir a constituir óbice à sua legitimidade, haja vista a consagração da instituição, dentro do microssistema de processo coletivo, como legitimada para propor Ações Civis Públicas:

> Fica bem evidente que o microssistema de proteção aos interesses coletivos, no qual se insere a lei de improbidade administrativa e a Defensoria Pública é autointegrativo, isto é, completa-se, sendo impossível e inadequado olhá-lo de forma isolada com o intuito de retirar a legitimidade para ação civil pela prática de atos de improbidade da Defensoria.[75]

---

74. DIDIER JUNIOR, Fredie. **Curso de direito processual civil.** 7. ed. Salvador: Juspodivm, 2012. p. 60. (Processo Coletivo, v. 4).

75. SALDANHA, Alexandre de Moraes. Da legitimidade ativa da defensoria pública para a propositura de demandas pela prática de atos de improbidade administra-

E quanto ao suposto "silêncio eloquente"? Será possível afirmar que a referida omissão teria sido intencional, de modo a concluir que a ausência de menção à Defensoria de fato foi voluntária, representando a vontade do legislador?

Essa questão deve ser respondida à luz da previsão constante da Lei Complementar nº 80/1994, segundo a qual, para defender os direitos fundamentais dos necessitados, a Defensoria está legitimada para ajuizar "[...] *todas as espécies de ações capazes de propiciar sua adequada e efetiva tutela*" [76].

Ou, em palavras mais precisas, se a Ação de Improbidade se revelar, no caso concreto, como o meio processual adequado para a proteção dos interesses dos necessitados, a ausência de previsão expressa da Defensoria na Lei 8.429/1992 é irrelevante, haja vista a expressa previsão autorizativa na Lei Complementar 80/1994.

Posto o questionamento desse modo, a conclusão forçosa é a de que, malgrado não se trate de previsão normativa constante da Lei 8.429/1992, é falsa a afirmativa que aponta a existência de silêncio legislativo quanto à questão. Ao revés, existe norma expressa (e sem ressalvas) no sentido de que "[...] *a Defensoria Pública poderá ajuizar qualquer ação para a tutela de interesses difusos, coletivos e individuais homogêneos que tenham repercussão em interesses dos necessitados*"[77], sendo falsa a afirmativa de que existiria omissão legal, quanto mais aquela que se refere a uma eloquência do silêncio.

Aliás, dentro da perspectiva da efetiva proteção do hipossuficiente que deve nortear a função defensorial, não faz nenhum sentido a tentativa hermenêutica da restrição de legitimidade da instituição no âmbito das ações coletivas, exclusivamente no que se refere à Ação de

---

tiva. **Revista Eletrônica Direito e Política,** Itajaí, v. 9, n. 2, 2º quadr., 2014. Disponível em: <www.univali.br/direitoepolitica>.

76. Lei Complementar nº 80, de 12 de janeiro de 1994. Art. 4º São funções institucionais da Defensoria Pública, dentre outras: X–promover a mais ampla defesa dos direitos fundamentais dos necessitados, abrangendo seus direitos individuais, coletivos, sociais, econômicos, culturais e ambientais, sendo admissíveis todas as espécies de ações capazes de propiciar sua adequada e efetiva tutela.

77. MARINONI, Luiz Guilherme; ARENHART, Sergio Cruz. **Curso de processo civil.** São Paulo: Ed. RT., 2007. p. 731-732.

Improbidade. Se o caso concreto revela que a ação de improbidade seria o melhor caminho para a proteção daquele indivíduo ou grupo necessitado, não existe motivo razoável que justifique a obstaculização dessa via processual à Defensoria. Não há razão jurídica que justifique uma orientação de que a defesa do direito do hipossuficiente tenha de ser realizada por um meio processual previamente considerado como menos efetivo.

Quanto à explicação para a ausência de expressa menção à Defensoria no rol de legitimados da lei de improbidade, é de se perceber que a razão está muito mais próxima de uma questão temporal do que de uma suposta escolha deliberada. Isso porque a Defensoria Pública só passou a existir de direito, no nosso ordenamento jurídico constitucional, a partir da Carta Magna de 1988, e em lei nacional somente a partir de 1994. Considerando que a lei de improbidade é de 1992, seria demasiado improvável que a legislação já consagrasse essa menção expressa ao órgão recém constituído.

Deste modo, forçoso concluir que a lei de improbidade administrativa não previu expressamente a Defensoria como legitimado porque a instituição, à época da promulgação da lei, sequer existia ou existia de forma incipiente:

> Tanto a Lei da Ação Civil Pública, como a Lei de Improbidade Administrativa, que são, respectivamente, de 1985 e de 1992, não previram a Defensoria Pública, originariamente, em seus textos. No entanto, seria impossível pensar em omissão proposital do legislador, pois a Defensoria Pública só passou a existir formalmente na nossa Lei Magna atual (1988) e, em norma legal nacional, apenas em 1994 com a Lei Complementar n. 80. Os movimentos de instalação, aprimoramento e valorização das Defensorias Públicas pelo Brasil afora, somente tomaram corpo e força no final da década de 1990 e princípio da década de 2000. Isto quer dizer que, antes dessas datas, não era crível ver a Defensoria Pública inserida nos diplomas legais, pois ainda inexistente ou incipiente.[78]

De qualquer forma, mesmo com a satisfatória explicação acima que aponta para uma razão de natureza temporal, uma eventual constatação

---

78. SALDANHA, op. cit.

de voluntariedade, na ausência de previsão expressa em lei, não poderia vir a ser considerada um impeditivo à legitimidade defensorial.

A um porque a legitimidade da Defensoria Pública para o ajuizamento em sentido amplo de demandas coletivas não depende de previsão em lei, uma vez que encontra fundamento expresso na própria Constituição, que no *caput* do art. 134 lhe atribui o pode-dever de defender os direitos transindividuais dos necessitados.

Esse raciocínio aqui aplicado à seara da ação de improbidade não é inovador no âmbito da tutela coletiva. Pelo contrário, sob o mesmo argumento da legitimidade, com fundamento direto na Constituição, já havia sido reconhecida, desde há muito e independentemente de previsão legal, a legitimidade da Defensoria para a Ação Civil Pública.

O problema que se revelava, naquela ocasião, era o mesmo que hoje se apresenta (ausência de expressa previsão legal como legitimado na lei de regência). Mesmo antes da alteração legislativa que incluiu a instituição no rol dos legitimados (Lei n. 11.448/07), todavia, já havia sido reconhecido que a Defensoria Pública podia propor ações civis públicas, uma vez que é órgão público destinado a exercitar a defesa dos necessitados. A alteração legislativa era, portanto, prescindível, tendo existido o reconhecimento legal da legitimidade ativa da Defensoria Pública apenas para evitar maiores controvérsias acadêmicas ou jurisprudenciais.[79]

O aludido microssistema de processo coletivo autoriza essa interpretação dada a relevância social (e jurídica) do direito que se pretende tutelar e do próprio fim do ordenamento jurídico brasileiro: assegurar a dignidade da pessoa humana, entendida como núcleo central dos direitos fundamentais[80].

79. RODRIGUES, Marcelo Abelha. Ação civil pública. In: DIDIER JUNIOR, Fredie. (Org.). **Ações constitucionais**. 5. ed. Salvador: Juspodivm, 2011. p. 396-397.

80. "PROCESSUAL CIVIL. RECURSO ESPECIAL. LEGITIMIDADE DA DEFENSORIA PÚBLICA PARA AJUIZAR AÇÃO CIVIL PÚBLICA. ART. 134 DA CF. ACESSO À JUSTIÇA. DIREITO FUNDAMENTAL. ART. 5º, XXXV, DA CF. ARTS. 21 DA LEI 7.347/85 E 90 DO CDC. MICROSSISTEMA DE PROTEÇÃO AOS DIREITOS TRANSINDIVIDUAIS. AÇÃO CIVIL PÚBLICA. INSTRUMENTO POR EXCELÊNCIA. LEGITIMIDADE ATIVA DA DEFENSORIA PÚBLICA PARA AJUIZAR AÇÃO CIVIL PÚBLICA

Dessa primeira consideração apresentada é possível concluir que a legitimidade da Defensoria Pública, na tutela dos direitos dos grupos e indivíduos hipossuficientes, não depende de previsão legal, pois tem fundamento constitucional. A segunda consideração traduz-se no fato de que, uma vez que a Constituição não exclui os necessitados da titularidade do direito à probidade administrativa, o fundamento da legiti-

RECONHECIDA ANTES MESMO DO ADVENTO DA LEI 11.448/07. RELEVÂNCIA SOCIAL E JURÍDICA DO DIREITO QUE SE PRETENDE TUTELAR. RECURSO NÃO PROVIDO. 1. A Constituição Federal estabelece no art. 134 que "A Defensoria Pública é instituição essencial à função jurisdicional do Estado, incumbindo-lhe a orientação jurídica e a defesa, em todos os graus, dos necessitados, na forma do art. 5º, LXXIV". Estabelece, ademais, como garantia fundamental, o acesso à justiça (art. 5º, XXXV, da CF), que se materializa por meio da devida prestação jurisdicional quando assegurado ao litigante, em tempo razoável (art. 5º, LXXVIII, da CF), mudança efetiva na situação material do direito a ser tutelado (princípio do acesso à ordem jurídica justa). 2. Os arts. 21 da Lei da Ação Civil Pública e 90 do CDC, como normas de envio, possibilitaram o surgimento do denominado Microssistema ou Minissistema de proteção dos interesses ou direitos coletivos amplo senso, com o qual se comunicam outras normas, como os Estatutos do Idoso e da Criança e do Adolescente, a Lei da Ação Popular, a Lei de Improbidade Administrativa e outras que visam tutelar direitos dessa natureza, de forma que os instrumentos e institutos podem ser utilizados para "propiciar sua adequada e efetiva tutela" (art. 83 do CDC). 3. Apesar do reconhecimento jurisprudencial e doutrinário de que "A nova ordem constitucional erigiu um autêntico 'concurso de ações' entre os instrumentos de tutela dos interesses transindividuais" (REsp 700.206/MG, Rel. Min. LUIZ FUX, Primeira Turma, DJe 19/3/10), a ação civil pública é o instrumento processual por excelência para a sua defesa. 4. A Lei 11.448/07 alterou o art. 5º da Lei 7.347/85 para incluir a Defensoria Pública como legitimada ativa para a propositura da ação civil pública. Essa e outras alterações processuais fazem parte de uma série de mudanças no arcabouço jurídico-adjetivo com o objetivo de, ampliando o acesso à tutela jurisdicional e tornando-a efetiva, concretizar o direito fundamental disposto no art. 5º, XXXV, da CF. 5. *In casu*, para afirmar a legitimidade da Defensoria Pública bastaria o comando constitucional estatuído no art. 5º, XXXV, da CF. 6. É imperioso reiterar, conforme precedentes do Superior Tribunal de Justiça, que a *legitimatio ad causam* da Defensoria Pública para intentar ação civil pública na defesa de interesses transindividuais de hipossuficientes é reconhecida antes mesmo do advento da Lei 11.448/07, dada a relevância social (e jurídica) do direito que se pretende tutelar e do próprio fim do ordenamento jurídico brasileiro: assegurar a dignidade da pessoa humana, entendida como núcleo central dos direitos fundamentais. 7. Recurso especial não provido." (REsp 1106515/MG, 1ª Turma do STJ, Min. Arnaldo Esteves de Lima, 16-12-2010).

midade da Defensoria na defesa da moralidade é constitucional, sendo de tal forma bastante apontar o comando constitucional estatuído no art. 5º, XXXV, da Constituição Federal[81] para afirmar a legitimidade da Defensoria Pública.

É dizer, mesmo uma eventual constatação de voluntariedade na previsão restritiva de legitimados na Lei 8.429/1992 não teria o condão de afetar a legitimidade defensorial. E não só em razão do microssistema de processo coletivo, mas principalmente porque o suporte normativo que atribui legitimidade à Defensoria tem natureza constitucional, existindo disposição na Constituição que determina expressamente a responsabilidade da Defensoria pela defesa dos direitos humanos e dos direitos coletivos, não fazendo a Constituição nenhuma ressalva quanto a alguma suposta limitação referente à matéria.

Aliás, se a própria Constituição (fundamento maior de legitimidade de qualquer ente estatal) não faz nenhuma ressalva, não é admissível atribuir à legislação infraconstitucional poder para que o faça. Ou seria admissível, por exemplo, *mutatis mutandis*, alguma lei que, alegando o alto custo estatal, impedisse a atuação defensorial em matéria de direito previdenciário? Ou ainda, mais genericamente, impedisse a atuação da Defensoria contra entidades públicas? A resposta para tais questionamentos é negativa pela mesma razão: o fundamento para a atuação defensorial, nesta seara, é de natureza constitucional, não sendo admissível atribuir à lei poder de diminuir a proteção constitucional.

Ademais, a exegese que analisa a suposta exclusão da Defensoria Pública do cenário de tutela da moralidade administrativa merece ser temperada pela lembrança do ensinamento de Carlos Eduardo Rios, para quem essa só exclusão somente se justificaria no reconhecimento de que os cidadãos objeto da proteção defensorial não são também titulares do direito à moralidade:

> Interessante seria redigir o parágrafo 4º, do Art. 37, desta Carta Constitucional, nestes precisos termos "Os atos de improbidade administrativa que prejudiquem de qualquer forma e por todos os modos os ricos e endinheirados importarão a suspensão dos direitos políticos, a

---

81. Art. 5º. XXXV - a lei não excluirá da apreciação do Poder Judiciário lesão ou ameaça a direito;

perda da função pública, a indisponibilidade dos bens e o ressarcimento ao erário, na forma e gradação previstas em lei, sem prejuízo da ação penal cabível". Pronto, aí, neste caso, a Defensoria Pública seria verdadeira intrusa.[82]

Assim é que a ausência de expressa previsão da Defensoria Pública, no rol dos legitimados previstos na Lei nº 8.429/92, não tem o condão de torná-la uma intrusa na defesa da moralidade.

Os indivíduos ou grupos sociais vulneráveis também são titulares do direito à probidade administrativa e a ausência (intencional ou não) de previsão legal da Defensoria no rol de legitimados não pode constituir um óbice à atuação, quando esta atuação está amparada na própria finalidade institucional, sendo que essa circunstância se justifica pela proteção dos relevantes direitos tutelados em sede de ação coletiva.

Aliás, não é novidade, na jurisprudência, a interpretação ampliativa das regras de "legitimidade para agir" dos órgãos representativos das funções essenciais à justiça, quando esta atuação está amparada nesse alicerce da relevância dos direitos tutelados. Em verdade, este mesmo raciocínio costuma pautar, com frequência, a atuação não só da Defensoria Pública, como também do próprio Ministério Público.

A título ilustrativo merece ser mencionada a discussão acerca da legitimidade para representação, pelo Ministério Público, contra propagandas partidárias irregulares, ocasião em que, mesmo não havendo expressa previsão na Lei 9.096/1995, entendeu-se pela legitimidade do *parquet*[83]; ou, ainda, o reconhecimento da ampliação da legitimidade

---

82. AMARAL, Carlos Eduardo Rios do. **Defensoria pública na defesa da probidade administrativa: homenagem à heróica defensoria pública gaúcha: agravo de instrumento nº 70034602201** Porto Alegre, 2010. Disponível em: <http://espaco-vital.jusbrasil.com.br/noticias/2291462/a-defesa-da-probidade-administrativa-e-uma-homenagem-a-defensoria-publica-gaucha>. Acesso em: 5 abr. 2013.
83. **Informativo de Jurisprudência,** Brasília, Superior Tribunal de Justiça, n. 711. O Ministério Público tem legitimidade para representar contra propagandas partidárias irregulares. [...] Apontou-se que essas proibições resguardariam princípios caros ao Direito Eleitoral, como a igualdade de chances entre os partidos políticos, a moralidade eleitoral, a defesa das minorias e, em última análise, a democracia. Consignou-se que a Constituição atribuiria ao *parquet* a defesa da ordem jurídica, do regime democrático e dos interesses sociais indisponíveis, por isso mesmo não lhe poderia tolher a legitimidade para representar contra propagandas partidárias

do Ministério Público para ingressar com ação penal pública condicionada no caso de a vítima ou seus pais serem hipossuficientes (caso em que, ironicamente, se discutia ser hipótese de atuação exclusiva da Defensoria Pública):

> Em outro caso, também bastante interessante, o STF julgou constitucional o art.225 do Código Penal de 1940, com a redação anterior à Lei n. 12.015/2009, que dava legitimidade ao Ministério Público para ingressar com ação penal pública condicionada no caso da vítima ou seus pais serem hipossuficientes. Alegava-se que a legitimidade seria da Defensoria Pública e que o Ministério Público estaria adentrando esfera e atribuição da Defensoria Pública. Decidiu-se, de forma correta, que o legislador quis abrir essa exceção e que não haveria qualquer problema ou prejuízo nessa legitimidade concorrente.[84]

Tais ilustrações bem demonstram que as interpretações restritivas de legitimidade das instituições, mormente quando afetas à tutela de direitos protetivos, costumam estar mais associadas a interesses meramente corporativos do que, de fato, ao interesse constitucional protetivo. Este tipo de raciocínio é indesejável e não merece prevalecer.

Mais do que constatar que a incumbência constitucional de proteção dos direitos transindividuais do cidadão pela Defensoria não encontra previsão de ressalva no que se refere à temática da moralidade administrativa, é preciso ter em mente que a Ação de Improbidade Administrativa (não obstante os seus possíveis efeitos punitivos) é uma garantia instrumental para a efetividade dos direitos fundamentais.

É salutar a consciência de que a garantia constitucional que possibilita o controle da moralidade na administração pública não tem como pauta primária a ideia da repressão estatal. Pelo contrário, o controle da moralidade na administração pública deve ser, antes de tudo, instru-

---

irregulares. Sublinhou-se que a expressão impugnada, ao dispor que a representação "somente poderá ser oferecida por partido político", vulneraria de forma substancial o papel constitucional do Ministério Público na defesa das instituições democráticas. Vencido o Min. Teori Zavascki, que também julgava parcialmente procedente o pedido, mas reputava que o vício da inconstitucionalidade se resolveria com redução de texto, ou seja, com a exclusão da palavra "somente". ADI 4617/DF, rel. Min. Luiz Fux, 19.6.2013. (ADI-4617)

84. SALDANHA, op.cit.

mento de efetivação dos direitos do cidadão, de modo que a ausência de "aptidão repressiva" da Defensoria Pública em nada depõe contra a sua legitimidade.

Ainda mais quando se verifica, com os elementos do caso concreto, que o instrumento da Ação de Improbidade pode ser utilizado como o meio mais eficaz de proteção dos indivíduos ou grupos vulneráveis, hipótese fielmente exemplificada no precedente a seguir mencionado.

5.2.1. O precedente do Tribunal de Justiça do Rio Grande do Sul

O mais importante precedente pátrio acerca de tal controvérsia foi o julgamento do Agravo de Instrumento n° 70034602201, no qual o Ministério Público do Rio Grande do Sul postulou a extinção de uma Ação Civil Pública por Ato de Improbidade Administrativa, sem resolução de mérito por suposta ilegitimidade ativa da Defensoria.

Tratou-se de caso em que a Defensoria Pública da comarca de Bagé no Rio Grande do Sul, recebeu uma denúncia acerca de irregularidades administrativas que estariam ocorrendo na Associação de Pais e Amigos dos Excepcionais (APAE) daquele município. Referida denúncia noticiava diversas irregularidades, dentre as quais se destacou um suposto desvio de verba que deveria servir para a construção de um Centro de Referência da Criança e do Adolescente. Estes supostos ilícitos já haviam feito com que aquela APAE fosse incluída no Cadastro Informativo de Créditos não Quitados do Setor Público Federal (Cadin) e SERASA, além de ter dado causa a uma intervenção administrativa pela Federação Nacional das APAE.

A despeito da questão da legitimidade para a Ação de Improbidade, é seguro afirmar que a atuação da Defensoria Pública, neste caso, está diretamente ligada aos seus fins institucionais de proteção dos necessitados. Isso porque, sendo a APAE uma instituição especificamente destinada a tratar de pessoas com necessidades especiais, o desvio de verba destinado aos fins específicos daquela instituição indubitavelmente prejudicaria sobremaneira a inserção social daquele grupo vulnerável.

Tão somente por isso já deveria restar incontroversa a legitimidade ativa da Defensoria para, por qualquer meio processual existente, proteger juridicamente os interesses daquele grupo social vulnerável.

Constatada a necessidade social de proteção daqueles direitos, a Defensoria Pública ajuizou Ação Civil Pública por ato de Improbidade (004/1.09.0001540-6), pleiteando e conseguindo o deferimento de medida cautelar que resguardasse a utilidade do eventual provimento. Foi proferida liminar, assim, determinando a busca e apreensão e decretando a indisponibilidade dos bens dos réus, além de sequestro e quebra do sigilo fiscal e telefônico.

Alguns meses depois, manifestou-se o Ministério Público nos autos, pleiteando a extinção do processo sem resolução de mérito por ilegitimidade ativa. Após proferida a decisão judicial que indeferiu o seu pedido e confirmou a legitimidade da Defensoria para aquela ação, o Ministério Público interpôs o recurso de Agravo de Instrumento.

A esse recurso foi negado provimento em Acórdão que se tornou paradigma no contexto da atuação da Defensoria na tutela do direito difuso à moralidade. Fundando-se substancialmente na Proibição do Retrocesso Social e na Máxima Efetividade das normas constitucionais, concluiu o julgador pela legitimidade da Defensoria Pública nos seguintes termos:

> Vejamos que a LC nº 132/09, ao ampliar a atuação da Defensoria Pública, fala em defesa judicial de direitos individuais e coletivos, de forma integral e gratuita (art. 1º), e especificamente em promoção de Ação Civil Pública, e qualquer outro tipo de ação, capaz de propiciar a adequada tutela dos direitos difusos, coletivos ou individuais homogêneos quando o resultado da demanda puder beneficiar grupo de pessoas hipossuficientes (art. 4º, VII) e em promoção da mais ampla defesa dos direitos fundamentais dos necessitados, abrangendo seus direitos individuais, coletivos, sociais, econômicos, culturais e ambientais, sendo admissíveis todas as espécies de ações capazes de propiciar sua adequada e efetiva tutela (art. 4º, X).
>
> Diante disto, como não afirmar a legitimidade da Defensoria Pública para a propositura de Ação Civil Pública para apurar ato de Improbidade Administrativa supostamente praticado por administradores da APAE – Associação de Pais e Amigos dos Excepcionais? Como afirmar que a Defensoria Pública não está aqui buscando a tutela de direito de pessoa portadora de necessidades especiais,

na forma do inciso XI o art. 4º da sua Lei Orgânica, com a nova redação que lhe deu a LC nº 132/09?

E, mais, como não dizer que a Defensoria Pública, na referida Ação Civil Pública, não está atuando, também, em defesa dos direitos do hipossuficiente, sobretudo quando é o cidadão comum, o povo, quem mais sofre com os danos gerados pelos atos ímprobos praticados, que não dizem apenas com danos econômicos ao erário, mas ofensa aos princípios que regem a Administração Pública, sobretudo a probidade e moralidade administrativa?

Como não afirmar que a atuação da Defensoria Pública, neste caso, busca tutelar, também, e principalmente, direito fundamental do cidadão?

Interessante ainda registrar que o Ministério Público em nenhum momento, nem mesmo subsidiariamente, manifestou-se no sentido de assumir o pólo ativo da ação, mesmo afirmando ser o único legitimado, no caso, para o ajuizamento da Ação de Improbidade. Limitou-se, ao revés, a pleitear a extinção do processo sem resolução de mérito, mesmo ciente de que as medidas cautelares assecuratórias já concedidas tornar-se-iam inefetivas.

Tal fato não passou despercebido no voto do relator:

> Com tais considerações, portanto, estou confirmando a decisão *a quo* que indeferiu pedido de extinção da Ação Civil Pública ajuizada pela Defensoria Pública do Estado do Rio Grande do Sul, face à sua manifesta legitimidade ativa para o ajuizamento da r. ação coletiva.
>
> Apenas chamo a atenção para o fato de que o órgão do Ministério Público, no presente recurso, sequer pede, alternativamente, para assumir a titularidade da Ação Civil Pública, muito embora refira a sua legitimidade exclusiva para tanto, além da pessoa jurídica interessada; ao contrário, pede a extinção da lide sem resolução de mérito, quando os fatos narrados na inicial dão indícios de prática de ato de improbidade administrativa na Associação dos Pais e Amigos dos Excepcionais, o que, por certo, se confirmado, é bastante grave.
>
> Vale dizer: o órgão do Ministério Público não agiu, quando deveria tê-lo feito, e tenta calar quem efetivamente o fez.

Houve por bem o Tribunal, assim, prestigiando a proteção do direito à moralidade, assegurar a legitimidade da Defensoria para ajuizar Ação de Improbidade e, por conseguinte, proteger os direitos daquele grupo vulnerável lesado.

Explicando de forma sucinta, o precedente registrou, pioneiramente, que a interpretação no sentido de restringir a legitimidade da Defensoria para a propositura da Ação Civil Pública por ato de Improbidade (mormente quando ela está legitimada para propor Ação Civil Pública que objetive a proteção de outros direitos metaindividuais) não é razoável. Seria o mesmo que apontar a moralidade como uma espécie inferior de direito, que mereceria menor proteção quando em comparação com os demais direitos transindividuais.

Nada obstante, uma importante lição desse precedente é o ensinamento de que é um risco optar por restringir a legitimidade ativa na atuação da tutela coletiva protetiva dos direitos. Vale dizer: a existência de apenas um legitimado pode facilmente significar inércia de atuação, ao passo que a existência de uma pluralidade de legitimados tem a aptidão de assegurar a proteção daquele direito com uma maior efetividade.

Quanto ao andamento posterior desse recurso, interessa apenas registrar que houve interposição de Recurso Especial e Extraordinário, sendo que o primeiro não foi conhecido por uma questão formal (incidência da Súmula 283 do STF[85]), enquanto que o segundo foi sobrestado para aguardar o julgamento do Tema 607[86] de repercussão geral pelo Supremo Tribunal Federal.

5.3. A ATUAÇÃO DA DEFENSORIA PÚBLICA NA PROTEÇÃO DA MORALIDADE ADMINISTRATIVA PREJUDICA A TUTELA DOS HIPOSSUFICIENTES?

Outra questão comumente levantada sobre a atuação da Defensoria Pública no controle da moralidade administrativa é a formulação

---

85. Súmula 283 do STF: inadmissível o recurso extraordinário, quando a decisão recorrida assenta em mais de um fundamento suficiente e o recurso não abrange todos eles.
86. Repercussão Geral. Tema 607: Legitimidade da Defensoria Pública para propor ação civil pública em defesa de interesses difusos.

da hipótese de que a atuação da instituição, nesta seara, ocorreria em prejuízo do exercício de sua função específica na tutela dos interesses dos hipossuficientes.

O raciocínio tenta se sustentar na reconhecida situação de deficiência de pessoal e de estrutura pela qual passam as Defensorias Públicas em todo o Brasil. A ideia parte do pressuposto de que a Defensoria conta com número limitado de pessoal, concluindo que a "intromissão" da instituição na seara da probidade administrativa de certa forma "roubaria tempo" da atuação da instituição na efetivação de sua finalidade precípua que é garantir o acesso à justiça. Trata-se do clássico argumento do "cobertor curto": quando se protege um lado, desprotege-se o outro.

Dentro da mesma linha de raciocínio, argumenta-se ainda que o ato ímprobo afetaria uma pluralidade de pessoas, de maneira que a atuação na proteção da moralidade administrativa pela defensoria poderia acarretar a proteção de sujeitos que não necessariamente integrariam o público alvo da instituição. Dessa maneira, argumenta-se, a atuação da Defensoria no controle da moralidade "roubaria tempo" dos hipossuficientes para a proteção de direitos de pessoas não vulneráveis.

A questão é pertinente. De fato o recente *Diagnóstico das Defensorias Públicas no Brasil*[87] evidencia que a estrutura dessas Defensorias não é nem de longe a ideal. Resta, contudo, considerar se dessa premissa deriva necessariamente a conclusão tomada na hipótese formulada no parágrafo anterior. Dito de outra forma: a constatação de que as Defensorias Públicas carecem de estrutura física e material humano é elemento que, por si só, deva levar à conclusão de que a instituição não é legitimada para atuar no controle da moralidade administrativa?

A resposta a esse questionamento passa necessariamente pela efetividade da proteção jurídica dos indivíduos ou grupos vulneráveis. É

---

87. BRASIL. Ministério da Justiça. **III diagnóstico defensoria pública no Brasil**. Brasília, DF, 2009. Disponível em: <http://www.defensoria.sp.gov.br/dpesp/repositorio/0/III%20Diagn%C3%B3stico%20Defensoria%20P%C3%BAblica%20no%20Brasil.pdf>. Acesso em: 17 set. 2014.

de se perguntar: a análise do alcance dos beneficiados pela atuação defensorial que conclui pela ilegitimidade da Defensoria, por considerar a possibilidade de atingimento de um sujeito não vulnerável, de fato prestigia a proteção dos necessitados?

Noutras palavras, permitir que a constatação da existência de sujeitos não hipossuficientes seja obstáculo para a atuação da Defensoria Pública na proteção efetiva dos sujeitos hipossuficientes seria de fato a maneira mais eficiente de promover a proteção daqueles indivíduos ou grupos vulneráveis?

A resposta evidentemente parece ser negativa. Impedir a realização de um direito a um necessitado pela possibilidade de que aquela atuação jurídica beneficie um terceiro não-necessitado seria, no mínimo, um contrassenso lógico.

Utilizando-se da analogia com a atuação de associações civis na tutela coletiva, essa foi a mesma conclusão a que chegou José Augusto Garcia de Sousa:

> [...] um dos traços principais das demandas coletivas é exatamente a vastidão dos seus beneficiários, traço que não se compadece em nada com a construção de cercas no âmbito do subjetivo das demandas. Tome-se o exemplo de uma associação de defesa do consumidor que busca a revisão de um contrato-padrão oferecido por entidade financeira. Naturalmente, a revisão almejada pode favorecer também quem não seja consumidor (de acordo com a Lei 8.078/1990), como é o caso de grandes empresas que contratam financiamentos direcionados a sua atividade principal. Numa hipótese assim, faltaria à associação de defesa do consumidor legitimidade para a ação coletiva? Evidente que não, sob pena de suceder um primor de iniquidade: os consumidores deixariam de ser beneficiados pela demanda coletiva porque esta poderia beneficiar também não consumidores. [...] O mesmo vale para as ações coletivas da Defensoria Pública.[88]

---

88. SOUSA, José Augusto Garcia de. A nova lei 11.448/2007, os escopos extrajurídicos do processo e a velha legitimidade da Defensoria Pública para ações coletivas. In: _____ (Coord.). **A defensoria pública e os processos coletivos, comemorando a lei federal 11.448 de 15.01.2007**. Rio de Janeiro: Lumen Juris, 2008, p. 243.

A Defensoria de fato deve pautar a sua atuação na defesa dos necessitados, mas impedir a atuação defensorial na defesa desse mesmo necessitado pelo simples fato de que existe a possibilidade daquela atuação ricochetear na defesa de interesses de sujeitos não--necessitados não parece ser a hermenêutica que mais prestigia o interesse protetivo constitucional.

Ademais, sem querer adentrar, neste momento, na já mencionada seara da discussão acerca da amplitude do conceito de necessitados, é importante considerar que a Defensoria Pública não atua somente na defesa de pessoas em situação de vulnerabilidade econômica, sendo a defesa da moralidade administrativa uma nítida atuação em prol do já mencionado grupo de necessitados no sentido organizacional.

Assim é que, mesmo que haja a possibilidade de que a atuação da Defensoria, naquele caso concreto, venha a beneficiar pessoas não-pobres, isso não significa dizer que aquelas pessoas beneficiadas não fazem parte do grupo alvo da Defensoria, haja vista a função institucional consagrada à Defensoria pela própria Constituição.

Tal é como ensina Felipe Silva Noya quando refere que a atuação da Defensoria Pública não deve estar pautada na Teoria da Hipossuficiência, mas na Teoria Institucional e na necessidade do próprio Estado em prover o acesso à justiça e a efetivação dos direitos e garantias constitucionais:

> Desta forma, a fundamentação constitucional da atuação coletiva da Defensoria está embasada não apenas na tutela de grupos economicamente hipossuficientes, mas antes em toda e qualquer proteção e interesses de grupos vulneráveis.
>
> Conclui-se, desta forma, a incorreção da vinculação da atuação da Defensoria Pública com base exclusivamente na Teoria da Hipossuficiência, devendo, ao revés, sua atuação estar pautada na Teoria Institucional e na necessidade do próprio Estado em prover o acesso a justiça e a efetivação dos direitos e garantias constitucionais.[89]

---

89. NOYA, Felipe Silva. **Representatividade e atuação adequada nas ações coletivas.** Rio de Janeiro: Lumen Juris, 2014. p. 86.

Posta a questão desta maneira, torna-se imperativo concluir que da premissa de carência estrutural não deriva necessariamente a conclusão de ausência de legitimidade defensorial.

O problema do "cobertor curto" é um problema de gestão e não um problema jurídico afeto à área da legitimidade. A resposta à questão estrutural passa antes pela otimização de eficiência dos recursos disponíveis do que por qualquer tipo de restrição da área jurídica de atuação.

Aliás, mesmo que se considerasse juridicamente relevante o argumento do "cobertor curto" (o que não se cogita), seria ainda necessário considerar que o fundamento maior da legitimidade da Defensoria na atuação na proteção à moralidade administrativa é justamente a otimização de eficiência dos recursos disponíveis, no sentido do potencial que a pluralidade de agentes legitimados para essa ação tem na melhoria das condições de vida dos necessitados.

Ou seja, se é verdade que as atitudes dos agentes estatais que destoam dos ditames da moralidade administrativa são responsáveis diretamente por prejudicar a redução de desigualdades sociais, então, por consequência, qualquer atuação que coíba aquele desvio tem o condão de contribuir para uma maior equalização social.

E é incontestável o prejuízo ao desenvolvimento social causado pelos atos que fogem aos parâmetros da moralidade administrativa. Os desvios de tributos e de fundos de programas destinados à redução de pobreza, por exemplo, ao diminuírem o impacto das respectivas medidas de política social, contribuem severamente para a concentração de riqueza e criam empecilhos à redução da pobreza.

É como ensina Maria Victoria Muriel Patino:

> A evasão de impostos, as isenções ou as deficiências na administração dos tributos favorecem os grupos da população melhor relacionados e de renda mais alta, consequentemente agravando a desigualdade distributiva.
>
> A terceira via pela qual a corrupção pode afetar negativamente a geração e a distribuição de renda do país aparece no contexto dos programas sociais no setor público; um projeto ou aplicação incorreta de tais programas, que acarretem benefícios para grupos da população relativamente bem situados do ponto de vista econômico em detrimento dos mais necessitados, ou o desvio de fundos

destinados aos programas de redução da pobreza, diminuirão o impacto das medidas de política social nestas duas variáveis. [...]

Em quarto lugar, a corrupção pode levar a uma concentração de renda nas mãos dos grupos da população relativamente melhor situados do ponto de vista económico e isto, por sua vez, permitirá a essa elite obter uma vantagem de renda ainda maior; através de sua influência nas decisões da política económica [...]. (tradução livre)[90]

E não se trata de mero argumento retórico. Em verdade, dinheiro público desviado é dinheiro público não aplicado em políticas públicas de garantia dos direitos fundamentais básicos à saúde, à educação e à moradia. Noutras palavras, o dinheiro desviado com a corrupção, acaso fosse aplicado em programas sociais de combate à pobreza, teriam imenso impacto social, afetando sobremaneira a população mais carente.

É como pôde comprovar Luiz Flávio Gomes, quando fez as seguintes quantificações:

De acordo com o relatório da FIESP, o custo médio da corrupção no Brasil, em 2010, foi estimado entre 1,38% a 2,3% do PIB, isto é, de R$50,8 bilhões a R$84,5 bilhões.

---

90. *La evasión de impuestos, las exenciones o las deficiencias en la administración de los tributos favorecen a los grupos de la población mejor relacionados y de renta más alta, consecuentemente, agudizando la desigualdad distributiva.la tercera vía por la que corrupción puede incidir adversamente en la generación y en la distribución de renta del país se describe en el contexto de los programas sociales del sector público; un diseño o aplicación incorrectos de tales programas, que desemboquen en beneficios para grupos de población relativamente bien situados desde el punto de vista económico en detrimento de los más necesitados, o el desvío de fondos destinados a programas de reducción de la pobreza, disminuirán el impacto de las medidas de política social en aquellas dos variables. [...] En cuarto término, la corrupción puede conllevar una concentración de activos en manos de los grupos de población relativamente mejor situados desde el punto de vista económico y ello, a su vez, permitirá a esa elite obtener una ventaja de renta aún mayor; mediante su influencia en las decisiones de política económica [...].*(PATINO, Maria Victoria Muriel. *Aproximación macroeconómica al fenómeno de la corrupción*. In: GARCÍA, Nicolás Rodríguez; CAPARRÓS, Eduardo A. Fabián. **La corrupción en un mundo globalizado:** *análisis interdisciplinar*. Salamanca: Ratio Legis, 2004).

Num cenário realista, o custo da corrupção seria de R$ 50,8 bilhões, com o qual o Brasil poderia arcar com o custo anual de 24,5 milhões de alunos das séries iniciais do ensino fundamental segundo os parâmetros do CAQi (Custo Aluno-Qualidade Inicial – CAQi –, originalmente desenvolvido pela Campanha Nacional pelo Direito à Educação, estabelece padrões mínimos de qualidade da Educação Básica por etapa, fase e modalidade).

Também seria possível equipar e prover o material para 129 mil escolas das séries iniciais do ensino fundamental com capacidade para 600 alunos segundo o modelo CAQi

Poderia também construir 57,6 mil escolas para séries iniciais do ensino fundamental segundo o modelo CAQi ou então comprar 160 milhões de cestas básicas (DIEESE).

Seria possível, ainda, pagar 209,9 milhões de bolsas família em seu valor máximo (Básico + 3 variáveis + 2 BVJ) ou construir 918 mil casas populares segundo o programa Minha Casa Minha Vida II.[91]

Desse modo, sendo a corrupção um dos maiores entraves ao desenvolvimento social, então a eficiência no controle da moralidade administrativa está diretamente ligada à eficiência na própria redução da desigualdade social, que, por sua vez, é o fundamento maior da atuação da Defensoria Pública e objetivo fundamental da República[92].

Isso significa dizer o óbvio: que os atos que se afastam dos ditames da moralidade administrativa têm consequências dramáticas para a população que mais necessita das ações prestacionais densificadoras dos direitos sociais, a população carente. Em assim sendo, não parece ser admissível impedir a atuação da Defensoria Pública, justamente o órgão constitucionalmente incumbido de zelar juridicamente por esses grupos sociais em situação de vulnerabilidade.

---

91. GOMES, Luiz Flávio. **O preço da corrupção para o Brasil.** São Paulo: JusBrasil, 2013. Disponível em: <http://atualidadesdodireito.com.br/lfg/2013/06/05/o--preco-da-corrupcao-para-o-brasil/>. Acesso em; 6 de abr. 2013. p. 34.

92. Art. 3º Constituem objetivos fundamentais da República Federativa do Brasil: III - erradicar a pobreza e a marginalização e reduzir as desigualdades sociais e regionais;

Não há possibilidade de realização da dignidade da pessoa humana se apartada de uma realidade em que os agentes públicos se norteiem pelos ditames da moralidade administrativa. Pensar uma realização de políticas públicas de efetivação dos direitos fundamentais pela redução da desigualdade social só é possível se aliada à atuação de agentes públicos, conforme os parâmetros da probidade. Nesse contexto, verificada a aproximação indissociável dos direitos, não há como afastar a legitimidade da Defensoria Pública para o controle jurisdicional da moralidade administrativa.

Nesse sentido, importante registrar lição de Carlos Eduardo Rios do Amaral:

> Ora, sem probidade administrativa não há dignidade da pessoa humana e nem redução de desigualdades sociais. Sem probidade do agente público inexiste Estado Democrático de Direito. E, os direitos humanos naufragam na ausência de probidade do administrador da coisa pública.
>
> [...]
>
> A promoção dos direitos humanos e a defesa dos direitos coletivos, de forma integral e gratuita, aos necessitados e aos grupos sociais vulneráveis que mereçam proteção especial do Estado só existe e pode ser levada a efeito quando possível o controle dos atos da administração pelo povo, através da Defensoria Pública [...].[93]

Não parece ser uma atitude racional, portanto, a pretensão de querer cercear a Defensoria Pública da possibilidade de reforçar a proteção à moralidade administrativa. Ao revés, parece de todo contraditório garantir aos necessitados, no plano jurídico-formal, uma instituição com o fim precípuo de protegê-los juridicamente, mas tentar alijá-la do processo de controle jurisdicional dos atos que possuem um nítido potencial de agravar as desigualdades sociais. Seria paradoxal.

Ademais, não se pode olvidar que construir uma sociedade justa, erradicar a pobreza e reduzir as desigualdades sociais são objetivos fundamentais da República, sendo a Defensoria Pública instrumento de sua concretização. Deste modo, qualquer hermenêutica constitucional deve partir da premissa de se orientar pela perspectiva de for-

---

93. AMARAL, op. cit.

talecimento da possibilidade de realização desses objetivos. Qualquer outra possibilidade de interpretação que tenha o potencial de colidir ou desviar-se daqueles objetivos fundamentais deve ser afastada de imediato, sob pena de transmudar a existência da Defensoria Pública em mera legislação-álibi, o que não é admissível.

A respeito da aludida legislação-álibi já se pronunciou Marcelo Neves:

[...] decorre da tentativa de dar a aparência de uma solução dos respectivos problemas sociais ou, no mínimo, da pretensão de convencer o público das boas intenções do legislador. Como se tem observado, ela não apenas deixa os problemas sem solução, mas além disso obstrui o caminho para que eles sejam resolvidos. A essa formulação do problema subjaz uma crença instrumentalista nos efeitos das leis, conforme a qual se atribui à legislação a função de solucionar os problemas da sociedade. Entretanto, é evidente que as leis não são instrumentos capazes de modificar a realidade de forma direta, eis que as variáveis normativo-jurídicas se defrontam com outras variáveis orientadas por outros códigos e critérios sistêmicos [...]. A resolução dos problemas da sociedade dependeria então da interferência de variáveis não normativo-jurídicas. Parece, portanto, mais adequado afirmar que a legislação-álibi destina-se a criar a imagem de um Estado que responde normativamente aos problemas reais da sociedade, sem, contudo, normalizar as respectivas relações sociais.

Nesse sentido, pode-se afirmar que a legislação-álibi constitui uma forma de manipulação ou de ilusão que imuniza o sistema político [...] desempenhando uma função ideológica. Mas parece muito limitada e simplista a concepção que considera, no caso da legislação-álibi, o legislador como quem ilude e o cidadão como o iludido. Em primeiro lugar, deve-se observar que, face à "perda de realidade da legislação" em um mundo que se transforma aceleradamente, confundem-se o real e a encenação, "desaparecem também os contornos entre desejo e realidade", "ilusão e auto-ilusão tornam-se indiferenciáveis", de tal maneira que "líderes políticos não são apenas produtores, mas também vítimas de interpretações simbólicas". A legislação-álibi implica uma tomada de papéis sociais tanto pelas elites que encenam, quanto por parte do público-espectador, não podendo ser restringida a atividades conscientes das elites para alcançar seus fins; eis que tentativas de manipulação desse tipo "tornam-se usualmente conhecidas" e tendem ao fracasso. Entretanto, embora seja de relativizar-se os conceitos de manipulação e de ilusão, é evidente que a legislação-álibi pode induzir "um sentimento de bem-estar" ("resolução de tensão"), portanto, servir à lealdade das massas[94].

Assim, qualquer interpretação a respeito da possibilidade de atuação do órgão jurídico constitucionalmente criado para a proteção dos necessitados deve ser orientada precipuamente pelos objetivos de construção de uma sociedade justa, de erradicação da pobreza e de redução das desigualdades sociais.

Dessa maneira, considerando todo o prejuízo social causado pelos atos que fogem à moralidade administrativa, não concluir pela legitimidade da Defensoria Pública para o controle jurisdicional da probidade é optar por uma exegese que obstaculizaria a realização dos direitos fundamentais, furtando-se à máxima efetividade da norma constitucional, o que não se pode admitir.

---

94. NEVES, Marcelo. **Constitucionalização simbólica**. São Paulo: Acadêmica, 1994. p. 49-50.

CAPÍTULO 6
CONCLUSÃO

O modelo estrutural de assistência jurídica adotado no Brasil pela Constituição Federal de 1988 foi o *salaried staff*, sendo a Defensoria Pública a concretização dessa escolha.

A opção pelo *salaried staff model* no Brasil, na medida em que cria uma categoria de servidores públicos especializados para atuar na defesa dos vulneráveis enquanto classe, de forma eficiente e planejada, transparece como uma escolha consciente pelo modelo mais adequado à realidade nacional.

A escolha constitucional outorgou à Defensoria Pública não apenas a atribuição de defesa dos necessitados em uma acepção individual, mas a própria responsabilidade da tutela de seus direitos, inclusive quando transindividualmente considerados.

E por "necessitado" não deve ser entendido apenas aquele necessitado no sentido econômico. Qualquer vulnerabilidade dá margem à atuação da instituição e a qualidade de um indivíduo enquanto pertencente a determinado grupo social vulnerável prescinde de seu enquadramento enquanto economicamente vulnerável.

O questionamento acerca da legitimidade da Defensoria Pública para a tutela jurisdicional da moralidade administrativa deve ser encarado à luz da perspectiva de que a instituição tem a responsabilidade de defesa dos direitos individuais e transindividuais dos necessitados, entendidos estes como qualquer sujeito em situação de vulnerabilidade (a despeito de sua particular condição econômica).

No ordenamento jurídico brasileiro, são diversos os instrumentos que podem ser utilizados para a finalidade de controle jurisdicional da moralidade administrativa. Em termos processuais, por exemplo, existem a Ação Civil Pública (que pode veicular demanda por Ato de Improbidade), a Ação Popular e o Mandado de Segurança (individual e coletivo). Em termos extraprocessuais, por sua vez, destacam-se, sobretudo, o direito de petição, o Termo de Ajustamento de Conduta e a Recomendação. Todas essas mencionadas ferramentas jurídicas estão disponíveis para a atuação da Defensoria Pública.

Efetuar o controle jurisdicional da moralidade administrativa significa, assim, utilizar-se dos meios disponíveis para submeter a atividade dos agentes estatais aos parâmetros da moralidade administrativa, por meio da via judicial, para o fim de conformar aquela primeira aos ditames desta última.

O preenchimento do que pode ser entendido como "parâmetros da moralidade administrativa", por sua vez, depende, em certa medida, de uma pauta externa que compreende (embora não se limite) e se molda pelo entendimento do que vem a ser também a legalidade, a moralidade social e mesmo a probidade administrativa. Noutras palavras, a compreensão aprimorada do conceito de moralidade administrativa depende de alguma maneira do entendimento que se faz a respeito das respectivas aproximações e traços distintivos com os demais conceitos subjacentes.

A aplicação concreta do conceito da moralidade administrativa, todavia, mesmo carecedora de preenchimento valorativo subjetivista, é fenômeno que precisa ultrapassar a questão da dificuldade conceitual, devendo encontrar solidez nos traços distintivos dos exemplos paradigmáticos estabelecidos em lei, aliados à constatação da reiteração de casos análogos.

Em suma, a moralidade administrativa é um conceito a ser densificado nos casos concretos, sendo que sua delimitação conceitual é fluida e deve encontrar o significado tanto pela historicidade da compreensão da comunidade jurídica, como pelo processo de enriquecimento conceitual recíproco e cíclico da interpretação doutrinária e jurisprudencial.

A problemática que envolve a legitimidade defensorial para a tutela da moralidade administrativa é uma questão que costuma envolver tanto o desconhecimento do real contorno constitucional dado à Defensoria Pública, como também uma ideia arraigada de uma suposta aptidão inata do Ministério Público para o exercício dessa função.

Cap. 6 • CONCLUSÃO

A despeito do discurso majoritário que atribui ao Ministério Público a legitimidade quase exclusiva para esse controle, interessante a constatação de que não se trata de uma atribuição inerente do órgão ministerial. Tanto é assim que, durante a constituinte, diversas vezes se cogitou a criação de um aparato estatal especificamente destinado a tal intento, o que não se concretizou apenas por um eficiente *lobby*.

Esta conjuntura é reveladora da circunstância de que a atribuição da responsabilidade pelo controle da administração pública ao *parquet* não foi consequência de reconhecimento de alguma suposta aptidão inata para o exercício dessa importante função.

Neste contexto, sobressai a preocupação sobre a existência de uma incongruência em se atribuir ao mesmo órgão a responsabilidade de ser, concomitantemente, o braço repressor do Estado, na acusação criminal, e também o braço protetor daquele mesmo cidadão, contra os abusos estatais. A constante coincidência entre o cidadão necessitado da atuação do controle da administração pública com o acusado no processo penal é elemento decisivo que aponta para a incongruência dessa conjuntura. O que torna a Defensoria Pública diferente, neste contexto, é justamente a ausência dessa dicotomia na atuação da instituição.

Para a proteção efetiva do cidadão é bem mais adequada a coexistência dessa atribuição ministerial com a atribuição de alguma instituição que tenha, em sua formação, o pressuposto da participação popular e de grupos sociais, a pauta da defesa de direitos individuais e o acesso aos desvalidos, funções que no Brasil estão bem mais representadas pela Defensoria Pública.

De todo modo, essa constatação de que o *parquet* não é a instituição mais adequada para o controle da administração pública não representa, em nenhuma hipótese, qualquer defesa de diminuição de atribuições na atuação do órgão ministerial. Trata-se, muito mais, de uma conclusão que se aproxima da necessidade de uma pluralidade de legitimados do que alguma representação de uma pauta restritiva de legitimação.

É salutar a consciência de que a garantia constitucional que possibilita o controle da moralidade na administração pública não tem como pauta primária a ideia da repressão estatal. Pelo contrário, o controle da moralidade na administração pública deve ser, antes de tudo, instrumento de efetivação dos direitos do cidadão. Nesse contexto, é preciso ter em mente que a Ação de Improbidade Administrativa, não obstante os seus possíveis efeitos punitivos, é uma garantia instrumental para a efetividade dos direitos fundamentais.

É possível então que se identifique, com os elementos de um determinado caso concreto, que o instrumento da Ação de Improbidade é o meio jurídico mais eficaz de proteção daqueles indivíduos ou grupos vulneráveis. Constatada esta circunstância reveladora de que a ação de improbidade seria o melhor caminho, não existe motivo razoável que justifique a obstaculização dessa via processual à Defensoria. Não há motivo jurídico que justifique uma orientação de que a defesa do direito do hipossuficiente tenha de ser realizada por um meio processual previamente considerado como menos efetivo.

E a ausência de expressa menção à Defensoria no rol de legitimados da lei de improbidade não pode constituir óbice a esta atuação por diversos motivos. Primeiro, porque a legitimidade da Defensoria Pública para o ajuizamento de demandas coletivas, em sentido amplo, não depende de previsão em lei, uma vez que encontra fundamento expresso na própria Constituição Federal, que no *caput* do art. 134 lhe atribui o pode-dever de defender os direitos transindividuais dos necessitados e os direitos humanos.

Segundo, porque a explicação para a ausência de expressa menção à Defensoria no rol de legitimados da lei de improbidade está muito mais próxima de uma questão temporal do que de uma suposta escolha deliberada. Isso porque a Defensoria Pública só passou a existir de direito no nosso ordenamento jurídico constitucional, a partir da Carta Magna de 1988, e em lei nacional somente a partir de 1994. Considerando que a lei de improbidade é de 1992, seria demasiadamente improvável que a legislação já consagrasse essa menção expressa ao órgão recém constituído.

Terceiro, porque existe norma infraconstitucional expressa (e sem ressalvas) no sentido de que a Defensoria Pública pode ajuizar qualquer ação para a tutela de direitos que tenham repercussão em interesses dos necessitados; sendo falsa, portanto, qualquer afirmação que aponte uma suposta omissão legislativa quanto à questão da legitimidade defensorial.

Cap. 6 • CONCLUSÃO

Quarto porque a interpretação permeada que orienta o microssistema brasileiro de processo coletivo aponta para uma exegese no sentido de que, conquanto esparsas, a Lei de Improbidade e a Lei da Ação Civil Pública (diploma processual no qual existe expressa previsão da Defensoria como órgão legitimado) devem ser utilizadas e integradas entre si da melhor maneira possível para proporcionar uma efetiva tutela dos interesses coletivos.

Também merece ser superado o argumento de que, diante da possibilidade de que aquela atuação jurídica beneficie um terceiro não--necessitado, a "intromissão" da Defensoria Pública na seara da probidade administrativa de certa forma "roubaria tempo" da atuação da instituição, na efetivação de sua finalidade precípua que é garantir aos necessitados o acesso à justiça.

A Defensoria de fato deve pautar a sua atuação na defesa dos necessitados, mas impedir a atuação defensorial na defesa deste mesmo necessitado, pelo simples fato de que existe a possibilidade daquela atuação ricochetear na defesa de interesses de sujeitos não-necessitados, não parece ser a hermenêutica que mais prestigia o interesse protetivo constitucional.

Mesmo que haja a possibilidade de que a atuação da Defensoria, naquele caso concreto, venha a beneficiar pessoas não-pobres, isso não significa dizer que aquelas pessoas beneficiadas não fazem parte do grupo-alvo, haja vista a realidade de que a Defensoria Pública não atua somente na defesa de pessoas em situação de vulnerabilidade econômica (sendo a defesa da moralidade administrativa uma nítida atuação em prol dos necessitados no sentido organizacional).

Ademais, o fundamento maior da legitimidade da Defensoria na atuação na proteção à moralidade administrativa é justamente a otimização de eficiência dos recursos disponíveis, no sentido do potencial que a pluralidade de agentes legitimados para essa ação tem na melhoria das condições de vida dos necessitados.

Dessa maneira, parece paradoxal garantir aos necessitados, no plano jurídico-formal, uma instituição com o fim precípuo de protegê-los juridicamente, mas tentar alijá-la do processo de controle jurisdicional dos atos que possuem um nítido potencial de agravar as desigualdades sociais.

É dizer, dinheiro público desviado é dinheiro público não aplicado em políticas públicas de garantia dos direitos fundamentais básicos à saúde, à educação e à moradia. Desse modo, sendo a corrupção um dos maiores entraves ao desenvolvimento social, então a eficiência no controle da moralidade administrativa está diretamente ligada à eficiência na própria redução da desigualdade social, o que atinge diretamente a população carente e, portanto, legitima a atuação da Defensoria Pública.

REFERÊNCIAS

ALIBERT, Raphael. *Le contrôle juridictionnel de l'administration*. Paris: Payot, 1926.

ALVES, Cleber Francisco. **Justiça para todos! Assistência jurídica gratuita nos Estados Unidos, na França e no Brasil**. Rio de Janeiro: Lumen Júris, 2006.

AMARAL, Carlos Eduardo Rios do. **Defensoria deve propor ação por improbidade**. Brasília, DF: ANADEP, 2010. Disponível em: <http://www.anadep.org.br/wtk/pagina/materia?id=8101>. Acesso em: 5 abr. 2013.

_____. **Defensoria pública na defesa da probidade administrativa: homenagem à heróica defensoria pública gaúcha: agravo de instrumento nº 70034602201**. Porto Alegre, 2010. Disponível em: <http://espaco-vital.jusbrasil.com.br/noticias/2291462/a-defesa-da-probidade-administrativa-e-uma-homenagem-a-defensoria-publica-gaucha>. Acesso em: 5 abr. 2013.

AMARAL FILHO, Marcos Jordão Teixeira do. **O *ombudsman* e o controle da administração**. São Paulo: EDUSP; Ícone, 1993.

_____. Defensor do povo; entre o modismo e a necessidade. **Folha de São Paulo,** São Paulo, 13 nov.1987.

BRASIL. Senado. Comissão Provisória de Estudos Constitucionais. Anteprojeto constitucional. Brasília, 1985. Elaborado pela comissão instituída pelo Decreto nº 91.450, de 18 de julho de 1985. Disponível em: <http://www.senado.gov.br/ publicacoes/anais/constituinte/AfonsoArinos.pdf>. Acesso em: 5 ago. 2014.

BEZNOS, Clovis. Considerações em torno da lei de improbidade administrativa. **Revista da Procuradoria Geral do Município de Belo Horizonte**, Belo Horizonte, v. 2, n. 4, jul./dez. 2009. Disponível em: <http://www.bidforum.com.br/bid/PDI0006.aspx?pdiCntd=63481>. Acesso em: 27 maio 2013.

BORGE, Felipe Dezorzi. Defensoria pública: uma breve história. **Jus Navigandi**, Teresina, v. 15, n. 2480, 16 abr. 2010. Disponível em: <http://jus.com.br/artigos/14699>. Acesso em: 9 set. 2014.

BRANDÃO, Juliana Ribeiro. **Percepções sobre o acesso à justiça:** olhares dos usuários da defensoria pública do estado de São Paulo. São Paulo, 2011. Disponível em: <http://www.teses.usp.br/teses/disponiveis/2/2140/tde-25082011-142156/publico/ julianarbrandao_versao_completa_dissertacao_1_2010.pdf>. Acesso em: 20 jul. 2012.

BRANDÃO, Paulo de Tarso. **Ação civil pública**. Porto Alegre: Obra Jurídica, 1996.

BRASIL. Constituição (1934). **Constituição da República dos Estados Unidos do Brasil**. Disponível em: <http://www.planalto.gov.br/ccivil_03/constituicao/Constituicao34.htm> Acesso em: 5 ago. 2014.

BRASIL. Constituição (1946). **Constituição da República dos Estados Unidos do Brasil**. Disponível em: <http://www.planalto.gov.br/ccivil_03/constituicao/Constituicao46.htm> Acesso em: 5 ago. 2014.

BRASIL. Constituição (1967). **Constituição da República Federativa do Brasil**. Disponível em: <http://www.planalto.gov.br/ccivil_03/constituicao/Constituicao67.htm>. Acesso em: 5 ago. 2014.

BRASIL. Constituição (1988). **Constituição da República Federativa do Brasil**. Disponível em: <http://www.planalto.gov.br/ccivil_03/constituicao/ConstituicaoCompilado.htm> Acesso em: 5 ago. 2014.

BRASIL. Lei n. 1.060, de 5 de fevereiro de 1950. Estabelece normas para a concessão de assistência judiciária aos necessitados. Disponível em: <http://www.planalto.gov.br/ccivil_03/leis/l1060.htm> Acesso em: 5 ago. 2014.

BRASIL. Lei 3.434 de 20 de julho de 1958. Dispõe sôbre o código do Ministério Público do Distrito Federal, e dá outras providências. Disponível em: <http://www.planalto.gov.br/ccivil_03/leis/1950-1969/L3434.htm> Acesso em: 10 jun. 2014.

BRASIL. Lei 8.429 de 2 de junho de 1992. Dispõe sobre as sanções aplicáveis aos agentes públicos nos casos de enriquecimento ilícito no exercício de mandato, cargo, emprego ou função na administração pública

REFERÊNCIAS

direta, indireta ou fundacional e dá outras providências. Disponível em: <http://www.planalto.gov.br/ccivil_03/leis/l8429.htm> Acesso em: 10 jun. 2014.

BRASIL. Lei Complementar n. 80 de 12 de janeiro de 1994. Organiza a defensoria pública da união, do distrito federal e dos territórios e prescreve normas gerais para sua organização nos Estados, e dá outras providências. Disponível em: <http://www.planalto.gov.br/ccivil_03/leis/lcp/Lcp80.htm> Acesso em: 10 jun. 2014.

BRASIL. Superior Tribunal de Justiça. Recurso Especial 1106515/MG. Relator Ministro Arnaldo Esteves de Lima. 1ª Turma do STJ. Brasília, 16 dez. 2010. Disponível em: <http://www.stj.jus.br/SCON/jurisprudencia/doc.jsp?livre=1106515&&b=ACOR&p=true&t=JURIDICO&l=10&i=5>. Acesso em: 17 jul. 2014.

BRASIL. Supremo Tribunal Federal. Ação Direta de Inconstitucionalidade nº. 558/RJ. Relator: Min. Sepúlveda Pertence. Tribunal Pleno. Brasília, 16 ago. 1991. Diário da Justiça, v. 1697-2, 26 mar. 1993. Disponível em: <http://redir.stf.jus.br/paginadorpub/paginador.jsp?docTP=AC&docID=346463>. Acesso em: 5 ago. 2014.

BROSS, Siegfried. O sistema de controle judicial da administração pública e a codificação da jurisdição administrativa. **Revista CEJ**, Brasília, DF, n. 34, p. 35-42, jul./set. 2006. Disponível em: <http://www2.cjf.jus.br/ojs2/index.php/revcej/article/viewFile/726/ 906> Acesso em: 8 nov. de 2012.

CAMMAROSANO, Márcio. **O princípio constitucional da moralidade e o exercício da função administrativa.** Belo Horizonte: Ed. Fórum, 2006.

CAPPELLETTI, Mauro; GARTH, Bryant. **Acesso à justiça.** Tradução de Ellen Gracie Northfleet. Porto Alegre: Fabris, 1988.

CITADINI, Antonio Roque. **O controle externo da administração pública.** São Paulo: Max Limonad, 1995.

DIDIER JUNIOR, Fredie. **Curso de direito processual civil.** 7. ed. Salvador: Juspodivm, 2012. (Processo Coletivo, v. 4).

DI PIETRO, Maria Sylvia Zanella. Discricionariedade Administrativa e Controle judicial da administração. In: SALLES, Carlos Alberto de. **Processo** civil e interesse público: o processo como instrumento de defesa social. São Paulo: Revista dos Tribunais, 2003.

ENTERRÍA, Eduardo García de. **Democracia, jueces y control de la administración**. 5. ed. ampl. Madrid: Thomson Civitas, 2005.

FERNANDES, Flávio Sátiro. Improbidade administrativa. **Revista de Informação Legislativa**, Brasília, DF, v. 34, n 136. out./dez. 1997. Disponível em: <http://www2.senado.leg.br/bdsf/bitstream/handle/id/296/r136-09.pdf?sequence=4>. Acesso em: 20 ago. 2014.

FERRACINI, Luiz Alberto. **Improbidade administrativa**. Rio de Janeiro: Julex, 1997.

FERRAZ, Anna Candida da Cunha. **O acesso à jurisdição constitucional como caminho para a sua democratização**. In: ROCHA, Maria Elizabeth Guimarães Teixeira; PETERSEN, Zilah Maria Callado Fadul (Coord.). **Coletânea de estudos jurídicos**. Brasília: Superior Tribunal Militar, 2008.

_____. Apontamentos sobre a jurisdição constitucional nos estados-membros. **Revista de Direito da Associação dos Procuradores do Novo Estado do Rio de Janeiro**, Rio de Janeiro, v. 19, p. 183-225, 2008.

_____. Constitutional basis of the participation of people in the exercise of power : guarantee of citizenship and political rights. **Revista Mestrado em Direito**, Osasco, v. 8, n. 2, p. 29-50, jul./dez. 2008

_____. **Direitos humanos fundamentais**: positivação e concretização. Osasco: EDIFIEO, 2006

_____. **Interpretação constitucional: o controle judicial da atividade política**. São José, SC : Conceito Editorial, 2010.

_____. Princípios fundamentais do processo constitucional. **Revista Mestrado em Direito**, Osasco, v. 6, n. 2, p. 181-193, jul./dez. 2006

FIGUEIREDO, Marcelo. **O controle da moralidade na constituição**. São Paulo: Malheiros, 1999.

REFERÊNCIAS

FRANÇA, Phillip Gil. **O controle da administração pública: tutela jurisdicional, regulação econômica e desenvolvimento**. 2.ed. rev. e atual. São Paulo: Revista dos Tribunais, 2010.

FRANCO SOBRINHO, Manoel de Oliveira. **O controle da moralidade administrativa**. São Paulo: Saraiva, 1974.

FRASER, Nancy. A justiça social na globalização: redistribuição, reconhecimento e participação. Trad. por TAVARES, Teresa. **Revista Crítica de Ciências Sociais**, n. 63, out. 2002.

_____. Redistribuição, reconhecimento e participação: por uma concepção integrada da justiça. In: SARMENTO, D.; IKAWA, D.; PIOVESAN, F. (Org.). **Igualdade, diferença e direitos humanos**. Rio de Janeiro: Lúmen Júris, 2008, p. 167-190.

FREIRE JUNIOR, Américo Bedê. **O controle judicial de políticas públicas**. São Paulo: Revista dos Tribunais, 2005.

FREITAS, Juarez. Do princípio da probidade administrativa e sua máxima efetivação. **Revista de Informação Legislativa**, Brasília, DF, v. 33, n. 129, p. 51-65, jan./mar. 1996. p. 55. Disponível em: <http://www2.senado.leg.br/bdsf/bitstream/handle/id/176382/000506399.pdf?sequence=1>Acesso em: 27 maio 2013.

_____.O princípio constitucional da moralidade e o novo controle das relações de administração. **Interesse Público IP**, Belo Horizonte, v. 10, n. 51, set./out. 2008. Disponível em: <http://www.bidforum.com.br/bid/PDI0006.aspx?pdiCntd=55453>. Acesso em: 27 maio 2013.

GIACOMUZZI, José Guilherme. **A moralidade administrativa e a boa-fé da administração pública**: o conteúdo dogmático da moralidade administrativa. São Paulo: Malheiros, 2002.

GIDI, Antonio. **Rumo a um código de processo civil coletivo: a condição das ações coletivas no Brasil**. Rio de Janeiro: Forense, 2008.

GRINOVER, Ada Pellegrini. Consulta, com pedido de parecer, em nome da Associação Nacional de Defensores Públicos – ANADEP, a respeito da argüição de inconstitucionalidade do inciso II do artigo 5º da Lei da Ação Civil Pública – Lei n. 7.347/85, com a redação dada pela Lei n.11.488/2007. Disponível em: <http://www.anadep.org.br/wtksite/cms/conteudo/4820/Documento10.pdf> Acesso em: 27 jul. 2012.

_____. **Novas tendências do direito processual.** Rio de Janeiro: Forense Universitária, 1990.

GRISA JUNIOR, Cesar Jackson. A moralidade no controle da discricionariedade do ato administrativo. **Debates em Direito Público**, Belo Horizonte, v. 11, n. 11, out. 2012. Disponível em: <http://www.bidforum.com.br/bid/PDI0006.aspx?pdiCntd=81875>. Acesso em: 27 maio 2013.

HONNETH, Axel. **Luta por reconhecimento.** São Paulo: Editora 34, 2009.

_____. Reconhecimento ou redistribuição. A mudança na ordem moral da sociedade. In: SOUZA, J.; MATTOS, P. (Org.). **Teoria crítica no século XXI.** São Paulo: Annablume, 2007. p. 79-94.

_____. **Sofrimento de indeterminação.** São Paulo: Editora Singular, 2007.

HONNETH, Axel; FRASER, Nancy. **Redistribution or recognition?** A political-philosophical exchange. London: Verso, 2003.

INFORMATIVO DE JURISPRUDÊNCIA, Brasília, DF, Superior Tribunal de Justiça, n. 711. Disponível em: <https://ww2.stj.jus.br/jurisprudencia/externo/informativo/>. Acesso em: 5 ago. 2014.

KIRCHNER, Felipe; KETTERMANN, Patrícia. A legitimidade da defensoria pública para o manejo de ação civil pública por ato de improbidade administrativa. **Revista dos Tribunais,** São Paulo, v. 929, mar. 2013.

LARENZ, Karl. **Metodologia da ciência do direito.** 3. ed. Tradução de José Lamego. Lisboa: Fundação Calouste Gulbenkian, 1997.

LIMA, Frederico Rodrigues Viana de. **Defensoria pública.** Salvador: Juspodivm, 2011.

LOPES, Maurício Antônio Ribeiro. Ética e administração pública. São Paulo: Revista dos Tribunais, 1993.

MANCUSO, Rodolfo de Camargo. **Interesses difusos: conceito e legitimação para agir.** 6. ed. rev. e ampl. São Paulo: Revista dos Tribunais, 2004.

REFERÊNCIAS

MARINONI, Luiz Guilherme; ARENHART, Sergio Cruz. **Curso de processo civil**. São Paulo: Ed. RT, 2007.

MARQUES, Floriano Azevedo. Discricionariedade administrativa e controle judicial da administração. In: SALLES, Carlos Alberto de. **Processo civil e interesse público: o processo como instrumento de defesa social**. São Paulo: Revista dos Tribunais, 2000.

MARTINS JUNIOR, Wallace Paiva. **Probidade administrativa**. 1999. Dissertação (Mestrado em Direito) – Faculdade de Direito, Universidade de São Paulo, São Paulo.

MEDAUAR, Odete. **Controle da administração pública**. 2. ed. rev. atual. e ampl. São Paulo: Revista dos Tribunais, 2012.

MORAES, Sílvio Roberto Mello. **Princípios institucionais da defensoria pública**: lei complementar 80, de 12.1.1994 anotada. São Paulo: Revista dos Tribunais, 1995.

NEVES, Marcelo. **Constitucionalização simbólica**. São Paulo: Acadêmica, 1994.

NOYA, Felipe Silva. **Representatividade e atuação adequada nas ações coletivas**. Rio de Janeiro: Lumen Júris, 2014.

OSÓRIO, Fábio Medina. Conceito de improbidade administrativa. **JUS**, Belo Horizonte, v. 43, n.26, p. 2351, jan./jun. 2012.

PATINO, Maria Victoria Muriel. Aproximación macroeconómica al fenómeno de la corrupción. In: GARCÍA, Nicolás Rodríguez: CAPARRÓS, Eduardo A. Fabián. **La corrupción en un mundo globalizado**: análisis interdisciplinar. Salamanca: Ratio Legis, 2004.

PERU. Constituição (1993). **Constituição Política do Peru**. Disponível em: <http://www.tc.gob.pe/legconperu/constitucion.html>. Acesso em: 23 ago. 2014.

PINHO, Humberto Dalla Bernardina de. **A legitimidade da defensoria pública para a propositura de ações civis públicas: primeiras impressões e questões controvertidas**. Disponível em: <http://www.humbertodalla. pro.br/arquivos/a_legitimidade_da_dp_para_propor_acp.PDF>. Acesso em: 5 ago. 2014.

ROCHA, Carmem Lúcia Antunes. **Princípios constitucionais da administração pública.** Belo Horizonte: Del Rey, 1994.

SANTOS, Boaventura de Souza. Introdução à sociologia da administração da justiça. **Revista de Processo**, São Paulo, n. 37, jan-mar., 1985.

RODRIGUES, Marcelo Abelha. Ação civil pública. In: DIDIER JUNIOR, Fredie. (Org.). **Ações constitucionais.** 5. ed. Salvador: Juspodivm, 2011.

SALDANHA, Alexandre de Moraes. Da legitimidade ativa da defensoria pública para a propositura de demandas pela prática de atos de improbidade administrativa. **Revista Eletrônica Direito e Política**, Itajaí, v. 9, n. 2, 2º quadr. 2014. Disponível em: <www.univali.br/direitoepolitica>.

SANTOS, Gislene Aparecida dos Santos. As cotas como projeto do multiculturalismo. In: _____. **Reconhecimento, utopia, distopia:** os sentidos da política de cotas raciais. São Paulo. Annablume; FAPESP, 2012.

SANTOS, Marília Lourido dos. **Interpretação constitucional no controle judicial das políticas públicas.** Porto Alegre: Sergio Antonio Fabris Editor, 2006.

SÃO PAULO. Lei Complementar nº 478. **Lei Orgânica da Procuradoria Geral do Estado São Paulo.** Disponível em: <http://www.al.sp.gov.br/norma/?id=26701> Acesso em: 10 jun. 2014.

SILVA, Carlos Bruno Ferreira da. **Defensor do povo : contribuições do modelo peruano e do instituto romano do** *Tribunado da Plebe*. Disponível em: <http://www.revistadoutrina.trf4.jus.br/index.htm?http://www.revistadoutrina.trf4.jus.br/artigos/edicao007/carlos_silva.htm > Acesso em: 5 de agosto de 2014.

SILVA, Holden Macedo da. **Princípios institucionais da defensoria pública.** Brasília: Fortium, 2007.

SILVA, José Afonso da. **Curso de direito constitucional positivo**, 25. ed. São Paulo: Malheiros, 2005.

_____. **Poder constituinte e poder popular.** São Paulo: Malheiros, 2002. (Estudos sobre a Constituição).

SOUSA, José Augusto Garcia de. A nova lei 11.448/2007, os escopos extrajurídicos do processo e a velha legitimidade da Defensoria Pública para ações coletivas. In: SOUSA, José Augusto Garcia de (Coord.). **A defensoria pública e os processos coletivos, comemorando a lei federal 11.448 de 15.01.2007**. Rio de Janeiro: Lumen Juris, 2008

YOUNG, Iris Marion. Structural injustice and the politics of difference. In: LENZ, Gunter H.; DALLMAN, Antje (Org.). **Justice, governance, cosmopolitanism, and the politics of difference:** reconfigurations in a transnational world. Berlin: Humboldt-Universitat, 2007. p. 79-116.

YUPANQUI, Samuel B. Abad. El ombudsman o defensor del pueblo en la constitucion peruana de 1993: retos y limitaciones. **Boletín Mexicano de Derecho Comparado**, México DF, n. 86, p. 402, 1996.